지난 40년 동안

변함없는 후원과 지지, 중보로

힘이 되어 주고 진리를 나누어 준

나의 아내요, 가장 친한 친구

존경하는 목사인 조이 버드에게

나의 모든 사랑을 담아 이 책을 드립니다.

이 지구상에서

천국의 갈채를 받을 자격이 있는 사람이 있다면

바로 당신입니다.

기적을 풀어내는
예언적 파노라마

제임스 말로니 지음 | 이스데반 옮김

추천사

제임스 말로니 박사의 개인적 간증은 현대 교회사에서 내가 가장 사랑하는 부분이다. 이 책은 어떻게 예수님께서 행하신 것처럼 성령의 흐름을 깨닫고 주님과 동역하는지를 가르쳐 준다.

하나님께서 성령의 사역에 갈급한 성도들이 잘 구비될 수 있도록 이 책을 사용하실 것이라고 확신한다. 나는 이 책이 세상에 나온 것이 매우 기쁘다. 왜냐하면 이것이 나의 깊은 간구에 대한 응답이기 때문이다.

- 빌 존슨, 벧엘교회 담임목사
《하나님의 임재》,《부흥의 거장들》,《왕의 자녀의 초자연적인 삶》의 저자

이 책은 강력한 계시와 지혜를 담고 있다. 나는 이 책이야말로 오늘날과 같이 명확한 분별력을 요구하는 시대를 위한 하나님의 선물이라고 믿는다. 하나님의 말씀에 대한 깊은 이해와 경험적 지식을 겸비한 제임스 말로니는 교회가 절실하게 필요로 하는 계시를 풍성하게

풀어낸다. 이 책은 성도들을 구비시켜 새롭게 할 필독서이다.

  - 라이언 리, 블레스드 인터내셔널 펠로우쉽 담임목사

제임스 말로니의 《기적을 풀어내는 예언적 파노라마》는 성령의 초자연적 기름부음에 대한 우리의 관점을 확장시키고, 영감을 주는 진리를 성경적으로 잘 풀어낸 역작이다. 성령의 은사와 능력으로 행하는 사역에 대한 그의 통찰은 어디에서도 접할 수 없는 그의 방대한 경험들로 가득 차 있다. 이 책을 읽음으로 그 경험들이 우리에게 큰 유익이 되기를 바란다.

  - 로니 토마슨, 코너스톤교회 목사

제임스 말로니는 교회를 근본적으로 성장시키는 사역으로 인도하는 강력한 사도적 리더이다. 그는 이 책에서 시간이 지나도 변치 않을 지혜와 진리에 대한 통찰을 나눈다. 그의 깊은 지혜와 부흥의 간증은 하나님의 역사하심을 향한 열정으로 우리를 이끌 것이다. 이 책을 통해 성령 안에서 주님과 동행하고자 하는 갈망이 깊어질 것이며, 성경적인 기초가 견고해질 것이다. 이 책을 부흥을 기다리는 교회의 리더들에게 적극 추천한다.

  - 필 위더헤드, 크리스윅 크리스천센터 담임목사

감사의 글

'크라이스트 포 더 네이션스 Christ for the Nations 선교회'의 선구자들, 교회를 향한 예언적 비전과 리더십을 보여 준 고인이 된 고든과 프리다 린제이를 기억합니다. 데니스와 진저 린제이는 그들 부모의 비전을 완벽하게 발전시켰습니다.

신학생 시절에 도움을 준 교수님들, 특히 캐럴 톰슨 박사와 짐 핫지스, 조이 도우슨, 그 외에 많은 분들이 내가 주님을 경외하는 가운데 흔들림이 없이 예언적 치유사역을 감당하도록 기초를 세워 주었으며, 깨어짐과 회개, 종의 마음을 가르쳐 주었습니다.

이 모든 분들에게 깊은 감사의 마음을 전합니다.

목차

4_ 추천사 | 6_ 감사의 글 | 8_ 서문

1. 천국 백성들이 내려다보고 있다 — 15
2. 부신피로 증후군 — 24
3. 기름부음을 받다 — 42
4. 겸손의 기쁨 — 63
5. 성령의 깨뜨리심 — 87
6. 중앙아메리카 — 106
7. 파노라마란 무엇인가? — 115
8. 요르단 — 133
9. 파노라마 발전시키기 — 140
10. 예멘 — 163
11. 파노라마 예언자의 성품 — 168
12. 하나님의 사랑 따라가기 — 186
13. 하나님은 왜 보좌에 앉으시는가? — 202
14. 믿음의 다운로드 — 217
15. 구소련 — 225
16. 부흥의 유업 이어가기 — 231

서문

　사도 요한이 밧모섬에 있을 때, 많은 물소리와 같은 음성을 들었다. 당시 그는 에베소에서 70마일 떨어진 곳에서 에베소 해변을 바라보고 있었다. 이날은 주일 오전이었는데, 사랑하는 에베소의 형제자매들과 소아시아의 여섯 교회가 함께 모여 주님을 예배하고 있었다. 이것은 매주 '성령 안에서' 행해진 반복된 일상이었다.

　우리는 아버지 하나님과 그리스도의 연합된 후사로서 항상 성령 안에 거하는 특권을 가지고 있다. 성도들이 함께 모여 주님과 대면하는 축복의 시간은 빛의 아버지께 한목소리로 들려 올라가는 찬송과 경외의 향연이다.

　그날은 주일이었다. 사도 요한은 당시 로마에 의해 유배를 당해 고립되어 있었다. 로마인들은 그를 기름 가마에 넣어 죽이려 했지만, 구세주의 임재와 능력이 능히 그를 보호하였다. 그 어떠한 고난에도 요한이 주님의 사랑받는 사도임을 부인할 수 없었다.

로마는 그들의 골칫덩어리인 사도 요한을 조용히 잠재우려 하였다. 당시 사도 요한이 직면한 핍박은 매우 극렬하였다. 흥미로운 것은, 그들이 사도 요한의 유배지로 밧모섬을 택했다는 것이다. 이 섬은 에게 해에 위치한 작은 섬으로, 소아시아로부터 70마일 떨어진 곳에 있었다. 그들은 어둡고 고약한 냄새가 진동하는 굴에 요한을 집어던졌다.

그러나 요한은 핍박에 굴복하지 않았다. 그는 오히려 에게 해의 출렁이는 파도 저편, 사도 바울의 목회지 중 가장 성공적이었던 곳으로 평가받는 에베소에 모인 성도들을 향하여 고개를 돌렸다.

에베소는 디모데가 순교한 곳이다. 또한 수많은 그리스도의 용사들이 열정적인 예배로 승리를 거둔 곳이기도 하다. 많은 사도들과 디모데가 순교한 그곳에서 사도 요한이 한동안 감독으로 섬겼다. 그는 그곳의 모든 사역을 총괄한, 가장 늦게까지 살아남은 주님의 사도였다.

사도 요한은 기독교 3세대를 목양한 하나님 나라의 선택받은 도구였다. 2세기로 넘어가는 위대한 변화의 시간에 그리스도의 피값으로 사신 바 된 교회는 하나님의 아들을 '직접 경험'한 영광을 잃어버린 채 하향세로 접어드는 큰 위기에 직면하였다. 주님의 사랑받는 자인 사도 요한은 당시 예수님을 경험한 유일한 생존자였다.

그가 직면한 싸움은 아주 맹렬하였다. 그러나 그 어떤 지옥의 불길도 사령관 중의 사령관인 주님의 사랑받는 자 요한을 사로잡을 수 없었다. 그는 영적 전쟁에 능한 자였다. 그는 그의 인생을 완전히 바꾸어 놓은 주님의 임재와 능력으로 새로운 세대를 위해 믿음의 선한 싸움을 싸우고 있었다.

하나님 나라의 진정한 사도는 전쟁을 통과한다. 오늘날 대부분의 성도들은 초대교회 시절 믿음의 용사들이 기름부음의 능력 안에서 주님과 동행하며 치렀던 대가가 어느 정도인지 모를 것이다. 그것은 하나님 나라를 위한 고난과 인내 가운데 하나님의 영이 그들을 감쌌기 때문에 가능했던 일이다. 이 위대한 하나님의 사람들의 삶 가운데 증명된 능력에 따르는 대가는 상상도 할 수 없다.

그것을 경험하지 못한 우리는 그들의 위대한 믿음을 이해하지 못한다. 하지만 한 가지 분명한 것은 사도 요한이 '그곳에 있었다'는 것과 '그 고난을 감당하였다'는 것이다. 또 한 가지 내가 말할 수 있는 것은 제임스 말로니 또한 '그러한 자리에 있었고, 숱한 고난을 통해 대가를 지불하였다'는 것이다. 나는 제임스와 언제나 낯설기만 한 고난의 시기를 함께 지나 왔다.

주님의 사랑받는 제자인 사도 요한처럼 제임스 역시 그를 한입에 삼킬 듯한 지옥의 목구멍과 같은 극단의 고난 속에서도 주님을 예배하며 사역을 감당하였다. 사도 요한과 같이 그는 성령 안에서 고난의 시간을 인내하였다.

사도 요한이 그랬던 것처럼 제임스는 그의 뒤에서 부르는 한 음성을 들었다. 그는 깊은 흑암을 뒤로하고, 거룩한 옷을 입고, 영광스러운 왕관을 쓰고, 오른손으로 일곱별을 잡고 계신 능력의 주님을 바라보았다. 그 주님이 "나에게 어두움과 빛은 같으니라"고 말씀하셨다.

로마가 요한의 인생을 끝내려고 했던 것은 사실 새로운 시작이었다. 즉, 요한에게 가해진 위협과 협박은 요한의 사역 가운데 가장 위대한 시대를 여는 시발점에 불과하였다. 시인이자 목회자로서 요한은 열방의 모든 교회를 향해 선포하는 예언자로 우뚝 섰다.

제임스 말로니는 하나님 나라를 위하여 선택된 이 시대의 사령관이다. 당신이 들고 있는 이 책은 책상 위에서 연구한 교리서가 아니다 (모든 교리는 각각 유익하지만, 어떠한 것도 똑같지는 않다. 그러나 진정한 교리로 말씀하시는 주님을 직접 경험하는 것은 또 다른 차원의 문제이다).

지금 당신이 들고 있는 이 책은 '살아 역사하시는 분'과의 새로워진 관계로 초대한다. 그분은 하나님의 아들이시며, 영광 가운데 홀로 거하시는 분이다! 사도 요한도, 제임스 말로니도, 또한 이 책을 읽는 당신도, 죽음과 같은 어두움에서도 주님의 발아래 앉아 살아 계신 주님을 보게 될 것이다. 그분이 말씀하실 것이고, 그분의 영이 즉시 당신의 영혼을 깨울 것이다. 이어서 당신을 붙들어 당신을 기다리고 있는 천국의 문으로 인도할 것이다.

어쩌면 나를 신비적이라거나 꿈꾸는 자라고 할 수도 있을 것이다. 그러나 어떠한 경우에든 죽은 교리는 말씀과 능력으로 모든 것을 주관하시는 그리스도와 연결되지 못한다. 살아 계신 주님은 죽은 자의 하나님이 아니라 산 자의 하나님이시다!

수천 년 전 야곱이 그의 아들 유다에게 선포한 예언의 말씀은, 열방이 주님 앞에 모여드는 역사로 성취되었다. 이 주님은 오늘날의 새로운 세대에게 보여져야 하고, 들려야 하며, 느껴져야 하고, 만져져야 한다. 왜냐하면 지금도 예언의 영이신 예수님의 말씀의 횃불이 계속해서 전달되고 있기 때문이다.

제임스 말로니는 누구나 볼 수 있도록 투명하고도 아주 친밀한 장소로 형제자매들을 초대한다. 그곳에서 우리는 그의 상처와 고난을 볼 수 있다. 당신은 예수 그리스도의 고난에 동참하는 것이 바로 그분의 부활의 능력에 동참하는 것임을 배우게 될 것이다.

당신은 얼마나 주님을 갈망하고 있는가? 오랜 기간 고난을 겪은 제임스 말로니는 여전히 주님 안에서 선한 싸움을 싸우고 있다. 누구를 위한 싸움인가? 하나님 나라의 영적 아비로서 제임스의 시련과 고난이 바로 당신을 위한 것임을 기억하기 바란다. 이 책을 통해 성령께서 제임스를 통해 행하신 일을 당신에게도 행하신다는 사실을 잊지 말기 바란다.

이 책을 마칠 때에 당신이 교리적으로 더 순결해지는 것이 이 책의 주요 목적은 아니다. 하지만 이 책을 읽음으로써 그러한 유익을 얻게 될 것이다. 그러나 더 중요한 것은 당신을 여전히 사랑하시고 당신을 위해 자신을 아낌없이 주시는 살아 계신 그리스도와의 친밀하고 직접적인 체험을 지속적으로 갖게 되는 것이다. '하나님의 사랑받는 자' Beloved라는 이름에는 분명 대가가 따른다. 그렇다. 제임스 말로니가 당신에게 보여 주려는 진리는 성령의 영감을 통해 알려 주시는 영적 전쟁의 실체이며, 그것은 천국이 침노하는 것과 같이 상상할 수 없을 정도로 귀한 것이다.

끝으로 저자에게 감사의 말을 전하고 싶다. 제임스의 투명한 삶, 자신이 경험한 강력한 하늘의 비밀을 기꺼이 나누어 주려는 마음, 그리고 다음 세대로 이어지는 하나님의 역사를 향한 열정에 대하여 감사드린다. 선한 싸움을 싸우고 믿음을 지킨 허다한 증인들이 우리를 둘러싸고 있다. 그들은 우리에게 강하고 담대하라고 소리치며 격려하고 있다.

이 책을 읽고 제임스 말로니가 말하는 대로 시도해 보라. 그러면 당신을 향해 기뻐 소리치며 박수치는 천국 증인들의 소리를 듣게 될 것이다!

- **마크 쉬로나 박사**, 마크 쉬로나 미니스트리 대표

The Panoramic Seer

1.
천국 백성들이 내려다보고 있다

만약 하늘에 있는 누군가가 지구에 있는 우리를 정말 내려다볼 수 있는지 묻는다면, 나의 대답은 언제나 '그렇다'이다. 주님이 그것을 허락하시기 때문이다. 천국 백성들이 멀리서 우리를 내려다볼 수 있다는 것을 내가 어떻게 알게 되었는지 궁금할 것이다.

이 이야기는 영국 맨체스터에서 시작된다. 나에게 맨체스터는 삶을 변화시키는 초월적인 경험이 일어났던 독특한 장소로 기억된다. 당시 나는 그런 경험을 할 것이라고 생각지 못했다.

하늘로부터 내려오는 기름부음

몇 년 전에 200명이 참석한 맨체스터의 집회에서 설교하였다. 찬양과 경배를 드리며 강단에 앉아 있는데, 순간 나의 영으로부터 어떤 생각이 흘러나왔다. 설교자로 소개받기 위해 기다리면서, 나는 예수님께 다음과 같이 간구하였다. "주님, 제가 당신처럼 사역할 수 있을까요? 하나님의 은혜와 지혜로 저에게도 그와 같은 일이 일어날 수 있을까요? 제가 청중 앞에서 말할 때, 말 그대로 제가 아닌 당신이 여기서 사역하시는 것처럼 주님의 영에 완전히 순복할 수 있을까요?"

누군가는 이런 기도가 지나친 욕심이라고, 그리고 그것이 하나님 앞에 주제넘은 질문이라고 생각할지도 모른다. 그러나 당시 나를 통제하고 이끄시는 분은 분명 주님이셨다. 지난 40년 동안 내 사역의 특징 중 하나가 바로 주님께서 내 안에 세우신 '겸손'이다.

내가 강단 뒤에 서서 말씀을 전하려고 입을 열었을 때, 내 안에서 어떠한 감각이 살아나는 느낌이 들었다. 갑자기 성령에 사로잡혀 끌어올려지는 체험을 하게 된 것이다. 나는 주변의 환경을 인식하는 가운데 회중을 바라보았다. 그것은 마치 나의 몸 밖에서 나 자신을 바라보는 것과 같은 신비로운 경험이었다.

앞으로 좀 더 자세히 이야기하겠지만, 당시 내 안에 있는 영이 빠져나와 위로 '올려지는' 기름부음을 경험하였다. 동시에, 하늘의 기름부음이 내 안에 가득 채워졌다. 마치 내가 하나님의 권위 안에 완전히 감싸 안기는 것 같았다. 그것은 주님이 내 안에서 시작하신 그리스도의 사역의 충만한 기름부음으로 가득히 둘러싸여 '위로 올려지는' 체험이었다. '올려진다'는 말이 내가 할 수 있는 최선의 표현이다.

나는 하나님의 말씀을 강론하고 있는 나 자신을 보고 있었다. 그런데 내가 무슨 말을 하고 있는지는 분별이 되지 않았다. 마치 내 입술이 성령님께 완전히 순복하여 그분의 뜻대로만 움직이는 것 같았다. 나는 설교 메시지에 대한 사람들의 다양한 반응을 볼 수 있었다. 그 말씀의 역사가 사람들을 변화시키고 있었다. 말씀이 그들에게 강물처럼 흘러들어 가는 것이 보였다. 그들은 말씀을 배불리 먹었고, 이어서 다양한 반응들이 나타났다.

어떤 이들은 말씀으로 굳은 마음이 기경되어, 씨앗이 물을 머금고 발아하여 열매를 맺듯이 내면이 치유되어 흐느끼고 있었다. 어떤 이들은 성령에 완전히 취해 기쁨으로 충만했다. 얼굴은 밝게 빛나고, 말씀을 집중해서 듣고, 들은 것을 믿음으로 받아들였다. 환상은 그들의 마음을 변화시켰다. 사람들의 영, 혼, 육이 말씀으로 새로워지고 있었다. 참으로 엄청난 변화들이 눈앞에 펼쳐졌다!

나는 설교를 길게 하지 않았고, 말씀을 마친 후 사역을 위해 강단에서 내려왔다. 예언의 말씀은 아주 구체적이었다. 예언사역은 기적적인 치유로 이어졌다. 그날 그곳에 있던 모든 사람이 치유받은 것 같았다. 선천적인 장애가 즉시 치유되었고, 부러진 뼈들이 '우드득' 소리와 함께 회복되었으며, 암덩어리가 눈앞에서 사라졌다. 이 모든 역사가 예언사역을 통해 나타났다.

예언사역은 지식의 말씀과 지혜의 말씀이 조화롭게 어우러져 온전히 흘러가게 한다. 예언이 흘러나오면서 성도들의 소명과 열정이 확증되고 가야 할 방향이 분명해진다. 주님이 선포하신 말씀에 의해 은사들이 풀어지고, 사람들의 심령은 새로운 열정으로 뜨겁게 타오른다.

사람들에게 안수하자 그들의 머리 위로 푸르스름한 영광의 구름이 소용돌이치며 일어났다. 독특한 향이 파도처럼 회중 위를 휩쓸고 지나가 모두가 달콤한 하늘의 향기를 깊이 들이마셨다. 멀리서 무언가 갈라지고 우르릉거리는 소리가 들렸는데, 성도들 사이에서 천둥이 역사하는 것 같았다.

사람들이 성령의 능력에 쓰러져 그들에게 안수할 필요가 없었다. 그들은 깊은 영의 세계로 빠져들어 심오한 회복의 역사가 성취되기까지 오래도록 누워 있었다. 그들이 깨어났을 때, 그들의 영과 육은 완전히 변화되어 있었다. 그들은 자기 자리로 돌아가 주변 상황을 의식하지 않고 주님만을 예배하였다.

사람들이 필요로 하는 모든 것이 동시에 채워지고 있었다. 성령의 역사를 경험하지 못한 사람은 한 사람도 없었다. 성령님은 모든 곳에서 동시에 여러 사람을 만지셨다. 사람들을 치유하고, 어떤 이와는 대화를 나누시며, 동시에 이곳저곳으로 움직이고 계셨다. 그럼에도 모든 것이 질서 있고 은혜롭게 진행되었다. 놀라운 역사가 있어났음에도 모든 사역이 매우 쉽게 느껴지고 분위기가 차분하였다는 것이 신선하게 다가왔다. 단순해 보였지만, 결코 진부하지 않았다.

성령의 강력한 역사는 때로 조용히 침묵하는 회중에게 일어나 어떤 사람은 엎드려 회개의 눈물을 흘리고, 어떤 이는 주 앞에 조용히 눕기도 하였다. 몇몇 사람들은 크게 기뻐하며 하나님이 행하신 일을 찬양하였다. 그러나 그 모든 강력한 역사 속에서도 평화롭고 자유로운 분위기가 유지되었다. 참으로 기쁘고 즐거운 경험이었다.

천국으로 끌어올려지다

한 시간 반쯤 지나자, 주님의 사역이 성취되었음을 느꼈다. 더 이상 계속 할 필요가 없었다. 강단으로 다시 발을 디딜 때, 나는 기름부음이 분리되는 것을 느꼈다. 영 안으로 깊이 내려가는 느낌과 동시에 주님께로 높이 올려지는 놀라운 경험이었다. 그리고 나를 집어삼킬 듯한 간절함으로 내 영혼이 주님께 탄식하며 기도하였다. "이러한 사역이었군요. 제가 제대로 감당했나요? 오, 주 예수님! 제가 주님이 하신 대로 했나요?"

나는 즉시 천국으로 끌어올려졌다. 고린도후서 12장의 사도 바울처럼 내가 몸 안에 있었는지, 아니면 몸 밖에 있었는지 알 수 없다. 다만 내가 분명히 말할 수 있는 것은 이것이 분명 육신의 눈으로 본 현상이었다는 것이다.

어쨌든 나는 천국에 있었고, 내가 서 있었던 방은 하나님 아버지의 보좌가 있는 궁전 바로 옆에 있었다. 비록 주님의 보좌가 있는 방을 들여다보지는 못했지만, 내가 서 있던 그 대기실만으로도 압도되어 입이 떡 하고 벌어질 정도였다. 그 방은 원형 기둥이 열두 개씩 두

겹으로 둘러싸고 있었다. 이 기둥들은 사람의 말로는 형용할 수 없을 정도로 화려하게 조각되어 있었다. 그것만으로도 아름다움에 압도되기에 충분하였다. 화려하게 빛나는 보석들과 원석으로 뒤덮인 기둥은 무엇과도 비교할 수 없을 정도로 아름다운 광경이었다!

이어서 내가 서 있는 곳을 내려다보았는데, 그 바닥 전체가 날아간 듯 아래가 투명하게 다 들여다보였다. 순간 요한계시록 15장이 떠올랐다. 나는 불이 섞인 유리 바다 위를 보고 있었는데, 이것을 정확하게 설명하기는 어렵다. 바닥은 약간 푸르스름한 빛깔로 수정처럼 맑았지만, 유리 밑에는 온통 시뻘건 불길이 뒤섞여 타오르고 있었다. 마치 텔레비전을 보듯이 위에서 지구를 내려다보는 것 같았다.

그러다가 갑자기 사람들이 보였다. 천 명의 성도가 바닥에 앉아 유리 바다를 통해 조금 전에 내가 인도하던 예배를 지켜보고 있었다. 그곳에서 그들이 지구 위의 사람들을 내려다보고 있는 광경을 지켜보는 것은 참으로 신비롭고 낯선 경험이었다. 순간 나는 혼란스러웠다.

나는 재빨리 그들을 힐끗 쳐다보았는데, 그들 중 두세 명의 얼굴을 알아보았다. 이 사람들은 내가 영적으로 성장하기 시작하던 시기에 나를 격려하고, 성령의 일하심에 대한 영적 감각을 키우는 데 많은 도움을 준 위대한 자매형제들이었다.

성령의 신속한 움직임을 느끼면서 나는 다시 주님께 질문하였다. "예수님, 제가 당신께 온전히 드려졌나요? 주님께서 하신 것처럼 제가 잘했나요?"

내가 주님께 여쭈었을 때, 즉시 그곳에 있던 모든 사람이 일어서서 나에게 고개를 돌렸다. 그리고는 몇 초 동안 나를 바라보더니 곧 박수갈채를 보냈다.

다섯 가지 열쇠

이 일이 있은 뒤에 성령께서 나에게 다섯 가지 열쇠를 보여 주셨다. 그것은 주님이 우리를 통해 일하실 때 우리가 그분께 순종하는 자리에 머물도록 돕는 다섯 가지의 간단한 개념이었다. 만약 《춤추는 하나님의 손》The Dancing Hand of God(순전한나드 역간)을 읽는다면, 이런 경험이 몇몇의 특정한 사람을 위한 것이 아님을 알게 될 것이다. 나는 이 원칙들이 모든 성도의 삶에 적용된다고 믿는다.

첫째로, 성령님은 기름부음 가운데 우리에게 상속된 유업의 속성 an attribute of inheritance을 드러내신다. 기름부음의 발전은 이전 세대의 사역에서 시작한다. 나의 경우는 '금촛대 중보자들' Golden Candlestick Ministry과 연결된다. 나는 기름부음의 요소가 전이될 수 있다고 믿는다. 앞으로 이러한 전이와 관련해서 몇 가지 개념에 대해 이야기할 것이다.

둘째로, 기름부음 안에서 의로움의 열쇠 a key of righteousness가 있다. 이것은 하나님 안에서 당신의 의에 대한 이해와 그분이 당신에게 요구하시는 거룩함과 직접적으로 관련되어 있다. 우리는 이것에 관한 몇 가지 교리적 진리를 설명하고 분류할 것이다.

셋째로, 긍휼은 예수님이 그러셨던 것처럼 사역에 있어서 중요한 역할을 한다. 그것은 단지 상실과 상처에 대한 연민이 아니라 우리를 통해 흘러넘치는 기름부음을 허락하시는 그분의 긍휼과 연결된 초자연적 연합이다.

넷째로, 기름부음에 있어서 믿음은 아무리 강조해도 지나치지 않다. 그러나 이것은 단지 하나님을 향한 당신의 믿음만을 의미하지 않는다. 믿음의 은사, 다시 말해서 주님이 그러셨던 것처럼 믿음의 신적인 개입이 그분 안에서만 실행되도록 하기 위한 것이다. 나는 한 개인의 믿음이 창조적인 기적을 볼 수 있을 만큼 충분히 깊어지는 것은 불가능에 가깝다고 생각한다. 예를 들어, 전혀 존재하지 않았던 발가락들이 즉각적으로 자라나는 기적들 말이다. 그런데 주님의 믿음이 전이되면, 그와 같은 기적이 얼마든지 일어날 수 있다고 믿는다. 이러한 생각에 대해서는 나중에 자세히 다룰 것이다.

마지막으로, 기름부음에 있어서 가장 중요한 한 가지는 겸손이다. 사역과 관련해서 한 가지 깨닫게 된 중요한 사실은, 우리에게 사람들에게 나누어 줄 자원이나 능력이 전혀 없다는 것을 인정해야 한다는 것이다. 다만 주님과의 살아 있는 관계와 그분으로부터 오는 직접적인 계시만이 그것을 가능하게 한다는 사실을 믿어야 한다. 우리는 하나님이 우리를 통해 역사하시도록 그분을 받아들이고 인정하는 훈련을 해야 한다. 그래서 우리는 없어지고, 주님은 드러나셔야만 한다. "그는 흥하여야 하겠고 나는 쇠하여야 하리라 하니라"(요 3:30). 문제는 어떻게 그렇게 할 수 있는가이다. 우선 이 개념부터 살펴보도록 하자.

우리는 이 모든 것을 예언사역의 한 요소로 묶을 것이다. 왜냐하면 초자연적인 것이 예언사역과 매우 밀접한 관계가 있다고 믿기 때문이다. 이것을 강조하기 위해 흥미로운 밑그림을 몇 가지 제시할 것이다.

다음 장에서는 '보는 자'Seer에게 임하는 기름부음에 대하여 이야기하고, 어떻게 그것이 파노라마로 이어지는지 자세하게 나눌 것이다. 그리고 계속되는 내용에서 파노라마의 정의에 대해서 알아보고, 기름부음에 대해 전반적으로 살펴볼 것이다. 또한 기름부음이 더 강력해지고 활성화되기 위해 요구되는 것들에 대하여 알아볼 것이다.

이 책이 당신에게 축복이 되기를 기도한다. 주님께서 이 책에 제시된 개념들을 성령 안에서 당신에게 증거하실 것이다. 나는 하나님의 말씀에 순종하여 쓰게 된 이 책을 읽는 사람들이 믿음의 증인이 될 것이라고 믿는다.

당신이 사역의 어떠한 단계에 있든지, 이 책이 그 사역의 촉매제가 되기를 기도한다. 또한 이 책이 담고 있는 진리가 어떤 식으로든 사람들과 주님과의 관계에 참된 유익이 되기를 기도한다. 하나님의 은혜로 당신 안에 있는 기름부음을 통해 주님이 충만하게 역사하시도록 그분께 자신을 내어드리기를 기도한다.

2. 부신피로 증후군

신경쇠약증에 대하여 들어 보았는가? 이것은 정말로 경험하고 싶지 않은 증상이다. 이 책을 읽고 있는 독자 중에 이 증상을 경험해 본 사람은 내가 지금 무슨 말을 하는지 잘 알 것이다. 숨을 쉴 수도 없고, 땀을 많이 흘리거나 정신이 혼미해지기도 하는데, 이것이 신경쇠약증의 대표적인 증상들이다. 이 무기력한 증상과 싸워야 하는 것은 알지만, 너무 피곤해서 움직일 힘도 없는 상황에서 회복이 불가능하다는 생각에 자포자기하고 싶은 마음이 간절하고, 혼돈과 떨림 증상이 나타난다. 이때 당신은 아기처럼 바닥에 웅크리고 누워 있고 싶을 것이다. 상황을 이겨내기 위해 진정제를 투여하고 싶을 수도 있다. 이것은 내가 실제로 경험한 것이다.

고장 난 발전기

나는 35년이 넘도록 풀타임 사역자로 왕성하게 활동하였다. 평균적으로 1년에 300번 집회를 인도하고, 깊은 정글과 내전 중인 모잠비크, 예멘의 사막 등으로 약 70회 정도 해외선교를 다녔다. 내 몸에 큰 문제가 생겼다고 느낀 것은 2009년 10월이었다. 몸이 무언가 날카로운 꼬챙이에 꽂힌 듯 아팠고, 그 고통으로 쓰러졌다. 의사들은 나의 증상을 '심각한 부신피로 증후군'라고 하였는데, 특히 '심각한'이라는 단어를 강조하였다.

신장 위에 위치한 부신은 스트레스를 조절하는 데 매우 중요한 기관이다. 당시 나의 부신은 기능이 급격히 저하되어 정상적으로 아드레날린을 조절하기 힘든 상태였다. 내분비계의 호르몬 수치가 모두 정상범위를 넘어선 것이다. 몸이 생존을 위해 제대로 기능하려면, 코티솔(부신 피질에서 분비되는 스테로이드 호르몬의 일종 – 역자 주)과 아드레날린이 반드시 필요하다.

나는 수면장애가 와서 잠을 제대로 잘 수 없었고, 벽들이 무너져 나에게 덮치는 것처럼 느껴져 질식할 정도였다. 마치 수백만 마리의 개미떼가 내 몸 위를 기어다니는 듯했고, 손이 떨리는 증상이 멈추지 않았으며, 얼굴에 극심한 경련이 일어났다. 내 몰골은 완전 엉망이었

다. '이런 내가 치유사역자라고? 도대체 왜 이런 일이 나에게 일어난 것일까?'

몸 상태는 신경도 쓰지 않은 채 쉬지 않고 사역에만 전념하다 보니, 몸의 과부하로 이어진 것이다. "더 사역해야 돼. 더 많은 곳을 찾아가야 해! 세상은 고통으로 신음하고, 주님은 곧 다시 오시니까." 나는 그렇게 바쁘게 살았다. 매번 집회 때마다 나 자신을 100퍼센트 이상 쏟아붓지 않으면 사람들이 만족하지 못하고 실망할 것이라고 생각했다.

하나님의 창조 법칙을 따라 몸을 적절히 쉬어 주어 회복하는 시간을 가지며 사역했다면, 나에게는 아무런 문제가 발생하지 않았을 것이다. 주님의 부르심에 즉각적으로 순종하고, 세상의 필요에 신속하게 반응하여 사역하는 것은 매우 생산적이고 영광스러운 일이다. 하지만 많은 영향력 있는 복음전도자와 설교자들이 무리하게 사역을 지속하다가 탈진하는 사례가 적지 않다.

주님은 나에게 다른 길을 보여 주셨다. 이런 식으로 육체적 연약함에 대책 없이 노출되는 것은 주님의 뜻이 아니었다. 그것은 나의 잘못이었다. 하나님은 자연스럽게 모든 공적 사역을 내려놓게 하셨고, 그것을 역전의 기회로 바꾸어 놓으셨다.

몇몇 친구들과 동료들도 나처럼 부신피로 증후군을 경험하였다. 그들 중 다수는 입원을 했는데, 감사하게도 나는 그런 상황까지 가지는 않았다. 하지만 한밤중에 응급실에 실려 가는 매우 긴박한 상황이 몇 차례 있었다. 의사들은 나에게 온전히 회복되려면 적어도 2년이 걸리며, 그때까지 모든 사역을 완전히 내려놓아야 한다고 강조하였다. 그렇게 하지 않고 사역을 계속한다면, 그 손상은 영구적일 수 있다고 경고하였다.

하지만 나는 그 조언을 무시하고 두 달 후에 다시 여행을 떠났다. 그전에는 최소 한 달에 세 번 여행하고, 몇 주간 연이어 사역하였다. 하지만 이제 사역의 빈도를 크게 줄여 격주로 사역할 수밖에 없었다. 나는 밤에 사역을 했고, 집회를 마치면 겨우 침대로 기어 들어가 다음날 저녁집회 시간에 맞춰 일어났다. 그만큼 몸 상태가 좋지 않았다. 종종 육체적으로 힘든 상태에서 예배를 인도하고 나면, 곧장 차를 몰고 숙소로 돌아가야 했다. 사역할 때는 대부분 의자에 앉아 말씀을 전했다.

사실 내가 전임으로 사역할 수 있게 해주신 것만으로도 주님의 은혜였다. 주님은 나의 회복을 서두르셨지만, 나는 결코 따라가지 못하였다. 매번 설교하기 위해 강단에 설 때마다 불안감이 밀려오는 것을 느꼈다. '다시 그 증상이 나타나면 어쩌지? 다음번에 더 나빠지면 안 되는데?' 부신피로 증후군이 뇌졸중으로 이어질 수도 있었다. 믿음의 종으로서, 나는 주께서 나를 보호하고 계시다는 것을 알고 있었다. 하지만 그렇다고 해서 상황이 달라지는 것은 아니며, 몸을 돌보지 않고 무리하는 것이 어리석은 일이라는 것을 알게 되었다.

특별히 심각한 육체적 증상을 겪은 후, 내가 너무 빨리 사역으로 복귀한 것은 아닌지 고민하며 아내에게 전화를 걸었다. 그런데 아내가 자신의 꿈 이야기를 해주었다. 그녀가 꿈을 꾸었다는 것은 주님께서 분명한 메시지를 주셨다는 것으로 이해할 수 있다. 만일 당신이 나에게 영적 멘토가 누구냐고 묻는다면, 나는 서슴없이 내 아내인 조이 말로니라고 대답할 것이다.

"꿈에서 발전기를 봤는데, 고장이 나 있었어요. 발전기는 자신의 능력과 개인적인 기름부음으로 사역하는 것을 의미해요. 그렇게 여러 해 동안 사역하다 보니, 당신은 자신에게 주어진 은사로 사역하는 것에 익숙해진 것 같아요. 어찌 보면 당신은 자신의 가르침과 설교, 그리고 사역 방식에 의존해 왔죠. 그것이 틀렸다는 말은 아니지만, 이제 그러한 방식은 끝을 내야 할 것 같아요. 당신의 발전기는 이미 고장이 났고, 주님께서는 그것을 고치지 않을 것이라고 하세요. 그것은 그냥 그 상태로 있을 거예요. 이제 당신은 사역 초창기에 그랬던 것처럼 오직 하나님만 의지하는 법을 다시 배우게 될 거예요. 꿈에서 두 개의 전선이 하늘에서 내려오는 것을 보았어요. 그리고 천둥처럼 큰 음성이 말하기를 '네가 사역을 계속하려면, 하늘에서 내려온 전선 잡는 법을 배워야 한다. 그 결과 기름부음이 주님으로부터 직접 너에게 부어질 것이다'라고 했어요."

이것은 매우 구체적이면서도 우리를 겸손케 하는 꿈이었다. 나는 주님의 은혜를 의지하는 법을 다시 배워야 했다. 다시 말해서, 그분의 안식에 들어가야만 했다. 안식 가운데 주님께서 나에게 맡기신 사역으로 더 깊이 들어갈 수 있었다. 하지만 그것은 내 안에서 다시 재정립되어야 했다. 아드레날린과 호르몬을 분비하는 부신이 재부팅되듯이 말이다.

천사의 사역

이제 나는 '천사'에 대해 말할 것이다. 이를 통해 이 부분에 대한 이해를 새롭게 하길 바란다. 나는 천사들에 대해 지나치게 강조하지 않는다. 다만 인간과 하나님을 섬기는 천사들의 특별한 사역을 믿고 존중할 뿐이다. 천사들이 우리와 동역하는 존재라는 것을 인식하는 것은 매우 중요하다.

영광의 충만함 가운데 천사들과 함께 동역하는 것에 대해 사람들이 열광하는 경향이 있다. 몇몇 단체는 천사를 경배하기까지 하는데, 그런 것을 볼 때마다 매우 안타깝다. 한편 어떤 사람들은 천사의 활동에 대해 아예 경시하는 경향이 있는데, 이것 역시 그들의 영적 성장을 방해한다고 본다. 우리는 이것에 대해 균형 잡힌 관점을 가질 필요가 있다.

우리는 천사를 경시하거나 반대로 그들을 경배하지 말아야 한다. 천사는 천사일 뿐이다. 주님이 필요하다고 생각하시면, 천사들에게 명하셔서 그들로 일하게 하실 것이다. 만약 그들이 움직이지 않는다 해도 걱정하지 말라. 그것은 하나님의 주권에 속한 일이다. 나는 하나님과의 친밀한 관계 안에서 그분의 은밀한 처소에 거하는 것이 더 중요하다고 생각한다.

우리가 인정하든, 그렇지 않든 천사는 끊임없이 움직이고 일한다. 천사는 이 세상과 삼층천 사이에서 우리와 하나님을 섬기고, 우리의 중보기도에 반응하며, 하나님의 뜻에 따라 우리에게 방향과 말씀을 전해 주고, 하나님의 구원 역사 가운데 마귀를 물리치며, 하나님의 심판을 이행한다.

언제나 그렇지는 않지만, 천사들의 중요한 임무는 치유를 풀어 주는 것이다. 나는 아주 엄밀한 의미에서 천사가 오직 치유만 감당한다고 믿지 않는다. 그는 예언의 천사일 수도 있고, 전쟁의 천사이거나 심판을 담당하는 천사일 수 있다. 또한 특별한 역할이 없는 평범한 천사도 있다. 나는 천사에 관한 교리나 그들의 기능에 대해 완전히 이해할 수 없다고 생각하는데, 이것은 단지 나의 개인적인 의견이다.

어쨌든 나는 천사들의 존재를 믿는다. 그들은 다양한 임무를 부여받는다. 하지만, 나는 그들 가운데 천사장, 세라핌, 체루빔 등의 단계나 계급이 있다고 말하는 것은 아니다. 때때로 하나님의 임재나 은혜로운 역사하심을 경험할 때, 그 사역에 특정된 천사가 있다고 믿기도 하나 그것에 완전히 동의하지는 않는다. 나는 천사의 성별에 대한 논쟁에 전혀 관심이 없다. 내 의견으로는 그들이 실제로 어느 쪽도 아니며, 성경에서 볼 수 있듯이 그들이 원하는 성별로 나타날 수도 있다. 성경에서 그들은 키가 매우 크거나 평균 크기이며, 날개가 있거나 없으며, 평범한 옷을 입거나 천상의 갑옷을 입기도 하는 등 매우 다양한 모습으로 나타난다.

나는 루시퍼가 빛의 천사로 가장할 수 있는 것처럼 천사들도 그들의 외모를 바꿀 수 있다고 생각한다. "이것은 이상한 일이 아니니라 사탄도 자기를 광명의 천사로 가장하나니"(고후 11:14). 나의 경험으로 볼 때, 그것은 사실이다. 사도 바울은 광명의 천사로 변모할 수 있는 루시퍼의 능력에 대해 말하고 있다. 모든 마귀가 흉측한 모습으로 나타나는 것은 아니다.

천사들의 사역과 관련하여 언급되어야 할 것은, 그들이 우리의 사역을 강화할 수 있다는 것이다. 나는 성도들의 기도모임 가운데 역사하는 천사의 활동과 중보기도에 반응하는 천사들의 역할에 대한 성경의 가르침에 전적으로 동의한다. "향연이 성도의 기도와 함께 천사의 손으로부터 하나님 앞으로 올라가는지라"(계 8:4).

한편, 많은 그리스도인들이 전쟁을 위한 천사가 있다거나 성경에서 볼 수 있듯이 그들이 하나님의 심판을 선포하고 실행한다고 믿는다. 나는 경험에 의해 그들이 특정한 임무와 기름부음에 배정될 수 있으며, 특별한 영역에서 청지기 역할을 감당하는 이들의 공급과 보호를 담당한다고 확신한다. 이처럼 천사는 우리를 돕는 임무를 지닌 실제적인 존재이다.

적어도 나의 파노라마 사역에서 영적 치유는 천사의 활동에 의한 것이었다. 거의 40년 동안 같은 천사였다(아마도 그보다 더 많은 세월 동안 하나님께 쓰임 받는 천사일 것이다). 나는 그가 어떤 종류의 천사인지 모른다. 나는 그와 대화할 수도 없고, 그에 대해 자세히 설명할 수도 없다. 그는 예배 시간에 내려왔다가, 예배가 끝나면 올라간다. 내가 천사를 볼 때마다 남자처럼 보이기 때문에 '그'라고 말하지만, 성별에 대해 분명하지는 않다. 나는 그를 '그'나 '그녀'라고 정확하게 구분하지는 않지만, 그렇다고 '그것'이라고 부르는 것은 적절하지 않다고 생각한다.

파노라마 사역

부신피로 증후군이 발생한 후 세인트폴과 미니애폴리스에서 치유와 기름부음의 영적 메커니즘의 표적들에 대해 설교했을 때(나중에 이 부분에 대해서 논할 것이다), 나에게 어떤 일이 일어났는지 나누도록 하겠다. 당시 집회에 수백 명의 사람들이 참석했고, 치유사역 담당자를 비롯하여 다양한 사역자들이 여러 곳에서 몰려들었다. 그곳에는 강력한 치유사역이 필요하였다.

당시 나는 몸 상태 때문에 사역은 고사하고 강단에 오르지도 못할 것이라고 생각했다. 내게 있는 능력은 겨우 20-30분 설교할 정도였고, 그 후에 나는 완전히 방전되었다. 녹초가 되는 고통스러운 시련을 겪는 동안, 나는 성령님께 "더 이상 할 수 없어요. 어느 누구에게도 사역할 수 없어요. 그냥 관계자에게 숙소까지 데려다 달라고 하겠습니다"라고 기도하였다.

그런데 그때 성령님의 움직임을 느꼈는데, 특별히 남미에서 온 것으로 보이는 어느 여성에게 사역하라는 감동을 받았다. 이러한 감동이 계속해서 나를 움직였다. 그러나 나는 "주님, 너무 피곤합니다. 감당할 힘이 없습니다"라고 고백하였다. 그런데 나의 상태와 상관없이 그 여성을 향한 성령의 달콤한 사랑이 흘러나왔다. "그녀를 불러 내어라." 주님께서 말씀하셨다. 그녀에게 사역하고자 하시는 주님의 음성이 느껴졌고, 그분의 행하심을 알 수 있었다. 설교가 끝날 때까지 "그녀를 불러 내어라"라는 주님의 메시지가 몇 차례 반복되었다. 그것은 마치 그녀를 불러 내려고 하시는 성령의 음성에 대한 나의 저항을 동요시키듯 더욱 강렬해졌다.

마침내 성령께서 분명하게 역사하셨다. "지금 그녀를 불러 나오게 하라!" 주님의 음성에 민감하게 반응하지 않던 나는 탄식하듯 한숨을 쉬며 굴복하였다. 나는 그녀에게 앞으로 나오라고 하였다. 그리고 그녀가 내 오른편에 서야 한다는 감동을 받았다.

여기서 잠시, 약간 다른 주제에 대해 이야기해 보겠다. 나는 성령의 역사하심을 느낄 때, 항상 오른손에서 무언가 시작됨을 느낀다. 이러한 현상은 1975년 가을에 처음 시작되었는데, 그 후 시간이 지날수록 그것을 더 분명하게 인식하게 되었다. 그럴수록 주님은 나에게 더 깊이 역사하셨다. 나의 책 《춤추는 하나님의 손》에서 이 부분에 대해 자세히 언급하였다. 내가 즉흥적으로 이것을 꾸며냈다고 생각하지 말라. 이런 종류의 영적 사역에서 느끼는 성령의 역사는 내 안으로부터 나오는 직관적인 방식으로, 나의 영에서 나오는 것뿐만 아니라 오른 손바닥에 축적된 감각으로 주로 나타난다. 그 결과 나는 성령의 운행하심을 분명하게 인식하게 된다.

그것은 누군가에게 손을 대었을 때 부르르 떠는 현상이다. 이것에 대해 누군가는 '감지한다'는 단어를 사용하는데, 나는 '부르르 떨다'라는 표현이 가장 좋은 묘사라고 생각한다. 이것은 하나님 아버지께서 그 사람을 위해 행하시는 치유와 구원사역의 방법이라고 할 수 있다.

좀 더 자세히 살펴보자면, 파노라마 사역은 악한 영을 감지하기 위해 주님이 허락하신 도구이다. 그런데 이것은 특별히 오랜 기간 사람을 괴롭히고 고통을 주는 질병의 영을 분별할 때, 더욱 응집되고 집중되었다. 그것은 마치 내 손바닥 중앙에서 불타는 석탄 덩어리 같은 것이 안수할 때 그 사람 안으로 들어가는 것 같았다. 나는 그들의 질병이 마귀에 의한 것인지, 아닌지 분별하였다. 때때로 손끝에서 성령의 움직임들을 감지할 때, 어떤 종류의 질병이 존재하거나 특정한 종류의 치유가 있음을 분별하였다.

만약 그것이 질병의 영이라면, 그 영에게 나가도록 명령하여 그 권위를 빼앗고 몰아낸 다음, 주께서 원하시는 대로 치유와 기적들을 행하시게 하여 영적 장애물을 제거할 수 있다. 창조적이거나 재창조적인 기적의 경우, 손바닥의 열기가 점점 더 강렬해져 기적의 사역이 일어나고 있다는 것을 알게 된다. 재창조적 기적은 무언가 제대로 작동하거나 치료되지 않을 때, 예를 들어 으스러져서 제대로 기능하지 못하는 팔이 정상으로 회복되는 것이다. 그것은 다시 재창조되어야 한다. 또한 창조적인 기적은, 고막이 없는 상태로 태어난 사람처럼 아예 처음부터 존재하지 않던 몸의 기관이 생기는 것을 말한다.

이러한 영적 분별사역은 매우 유익하다. 나는 이러한 사역을 할 때면, 주님 앞에서 아주 겸허한 자세로 순종한다. 주님은 은혜로우셔서 사역을 받는 당사자와 사역자인 나에게 가장 유익한 방식으로 치유를 행하신다.

이제 다시 앞에서 언급한 사건으로 돌아가 보자. 미네소타의 집회에 참석한 그 여성이 내 오른편에 선 것이 내게 얼마나 큰 감동이었는지 이제 이해가 될 것이다. 나는 매우 피곤했지만, 조심스럽게 오른손을 뻗어 그녀에게 얹었다. 그녀의 손을 잡았을 때, 나는 누군가 내 오른편에 부딪히는 물리적 느낌을 받았다. 놀랍게도 그때 천사의 팔꿈치가 내 오른쪽 어깨에 얹혀져 그의 팔이 내 어깨 위로 뻗어 있음을 느꼈다.

나는 성령님이 말씀하시는 것을 들었다. 그것은 내면의 소리가 아니라 실제로 귀에 들리는 소리였다. 그러나 다른 사람들도 그 소리를 들었다고 생각하지 않는다. 그분은 나에게 직접 말씀하셨다. "내가 너에게 허락한 천사다. 그의 도움을 받으라."

그와 동시에 아주 강렬하게 소용돌이치는 금빛 불꽃같은 구름이 그 자매와 나를 감싸고 있는 것을 보았다. 그것은 원기둥 모양에 속이 꽉 차 있었다. 《춤추는 하나님의 손》을 읽어 본 사람이라면, 타오르는 구름과 같은 기둥 비전pillar vision이 어떤 개념인지 기억할 것이다. 그것은 바로 불타는 구름이었다. 나는 완전히 성령에 압도되어 모든 피곤함이 사라졌고, 주님의 능력이 솟구쳐 나를 휘감았다. 이전처럼 영을 분별하는 사역이 내 손에서 역사하기 시작했고, 나는 고개를 들지 않을 수 없었다.

내 눈이 좌우로 흔들리면서 그녀의 머리 바로 위에 집중되었고, 스냅사진 같은 장면들이 움직이기 시작하는 것을 보았다. 그것은 내 머리와 영에서 오는 내적 비전으로, 마치 내 마음에서 나와 눈앞에 보이는 것 같았다. 나는 여전히 강당의 벽과 천장을 볼 수 있었는데, 마치 이런 생각의 사진들thought-pictures이 자연적인 환경 위에 포개져 층을 이루는 것 같았다. 그것들은 사진처럼 보였는데, 곧 사진의 일부가 움직이기 시작하였다. 그러다가 '7'이라는 숫자가 갑자기 빛나며 번뜩였다.

"이제 시작할게요. 내가 보기엔 자매님이 7년 전에 사고를 당했는데, 빨간 픽업트럭이 당신의 차와 충돌했군요. 맞나요?"

"예." 그때 스냅사진이 다시 이동하였다.

"그리고 자매님은 고관절 수술을 받아야만 했네요. 맞나요?"

"예."

이어서 나는 금이 간 척추에 대해 설명했고, 약 10분 동안 대여섯 가지 그녀와 연관된 문제들에 대해 설명하였다. 그녀의 머리 위로 보이는 사진들을 보며 설명하였기 때문에 사역은 그다지 어렵지 않았다. 그녀는 흐느끼며 눈물을 흘렸고, 주변 사람들은 이러한 사역을 목도하며 충격을 받았다. 하지만 그 누구보다 충격을 받은 사람은 나 자신이었다. 내가 설명하는 하나하나를 통해 그녀가 치유되고 있다는 사실이 정말 놀라웠다. 뼈가 고쳐지면서 '우드득' 하는 소리도 들을 수 있었다. 나중에 그녀에게 들은 이야기이지만, 그날 이후로 그녀의 엉덩이에 삽입했던 티타늄 조각이 완전히 녹았다고 한다! 문제가 있던 몸의 모든 부위가 재창조되었고, 그날 나의 예언이 100퍼센트 정확했다고 하였다.

그녀에게 사역한 후에 영광스러운 구름이 걷히는 것을 느꼈다. 동시에 이제껏 경험했던 것 중 가장 강력한 힘이 내 안에서 비워지는 것을 느꼈다. 이와 같은 파노라마 사역은 많은 에너지를 필요로 하는

데, 지난 시간 동안 이런 사역을 감당할 만할 충분한 능력을 축적할 수 있었다. 드물기는 하지만, 한 번에 8-9차례 파노라마 사역을 한 적도 있다.

믿음의 임파테이션

파노라마 사역의 흥미로운 측면은 그것이 마치 하나님께로부터 믿음의 은사를 다운로드하는 것과 같다는 것이다. 당신이 나누고 있는 것이 하나님으로부터 온 것임을 확신하는 것은 참으로 놀라운 일이다. 하나님께로부터 임파테이션된 믿음의 차원 외에 이것을 설명할 방법이 없다.

이런 종류의 사역은 매우 흥미진진하고 기대가 된다. 우리는 그러한 믿음과 신령한 능력을 사모하지만, 사역이 끝나면 그것들은 다시 위로 들어 올려져 우리에게서 완전히 떠난다. 대신 이 믿음의 은사가 예언의 말씀을 듣고 있는 군중에게로 흘러가기 시작한다.

내가 사역을 할 때 사역을 받는 사람에 대해 전혀 알지 못한다는 것을 사람들은 알고 있다. 그들과 관련된 구체적인 사항들은 모두 영적 사역 가운데 계시된다. 이때 계시된 세부사항들을 믿음으로 받아들이는 사람들은 더 충만한 믿음의 사람으로 변화된다.

이러한 영적 치유사역 이후에는 활기 넘치는 찬양이나 기쁨과 같은 반응을 보기 어렵다. 가장 많이 나타나는 반응은 사람들이 경외심에 잠겨 흐느끼는 것이다. 그것은 주님 앞에서 겸손해지는 것이다.

매번 그렇지는 않지만 성령에 이끌린다고 느끼면, 나는 회중으로 하여금 방언으로 기도하도록 격려한다. 그리고 홀로 기도하는 가운데 내 영이 오르락내리락하는 것을 경험하는데, 이를 통해 사람들의 기도를 분별한다(방언과 방언통역에 대한 해석은 고린도전서 12-14장을 보라). 동시에 그들의 생각과 속내가 드러난다. 이때 나는 몇 가지 환상을 사진으로 받는다. 이것은 하나님께서 사역을 받는 사람들을 더 사랑하심을 의미하는 것은 아니며, 단지 믿음의 단계를 높여 주는 표적과 이적일 뿐이다.

어떤 사람들은 방언이 아닌 자신의 모국어로만 기도할 수 있는데, 그것은 그들에게 자연스러운 일이다. 이러한 영적 사역은 성도들만을 위한 것이 아니다. 파노라마 사역은 믿지 않는 사람들을 구원하는 데 사용되는 훌륭한 도구라고 할 수 있다. 구원받지 못한 사람들이 이 사역에 반응하는 것을 보았음에도 불구하고 현재 이 사역은 주로 교회에만 초점이 맞춰져 있다. 나는 이 사역이 불신자들을 하나님 나라로 인도하기 위한 표적과 이적으로 사용될 것이라고 믿는다.

믿음의 은사가 집회에 참여한 회중에게 전해질 때면, 더 많은 사람들이 이 사역에 참여할수록 그 은사가 더 크게 나타난다. 이것은 사람들이 그저 구경꾼으로 방관하기보다는 믿음으로 거룩하게 기름부음을 받을 때, 하나님께서 그들의 간구에 더 강하게 응답하심을 의미한다. 하나님의 임재를 사모하는 사람들의 열망과 파노라마 사역 사이에는 분명한 연관성이 있다. 이것은 놀라운 연합의 경험이다. 그것은 나를 포함한 회중들의 참여를 이끌어 내는, 개인에 국한되는 은사 이상의 것이다.

나의 건강이 악화되어 사역을 제대로 감당할 수 없게 되자, 이런 예언사역이 비로소 전면에 등장하게 되었다고 생각한다. 주님은 나의 기력이 회복되지 않는다면, 그 사역이 끝난다는 것을 알고 계셨다. 그런데 나보다 사역을 받는 사람들이 사역 중에 더 중요한 역할을 한다.

그것을 뭐라고 불러야 할지 모르겠지만, 나는 파노라마적 표현을 통해 예언사역 안으로 들어갔다. 그러나 이것은 완전히 새로운 것은 아니었다. 부신피로 증후군으로 힘들었지만, 주께서는 나를 도울 천사를 보내 주셨다. 주님은 내가 그분의 능력 안에 머물고 있을 때, 영의 흐름이 강렬하고 집중적이며 초점이 맞춰진 기름부음이 될 것이라고 말씀하셨다. 나에게 가만히 그분을 기다리라고 하시며, 그분으로부터 온전히 구별된 기름부음이 흘러갈 것이라고 말씀하셨다.

일반적으로 파노라마는 기적과 치유의 기름부음을 위한 것이다. 만약 이것이 특정한 치유나 기적을 위한 집회라고 느끼지 않는다 할지라도, 은혜로우신 주께서는 집회에 참석한 회중을 위해 그들이 충분히 느낄 만큼 상쾌한 영적 감각을 강화하신다. 나는 지금도 그러한 것들을 배우고 있다. 주님이 기름 부으시는 역사는 매우 다양하게 나타난다.

아직 몸이 100퍼센트 회복된 것은 아니기 때문에 보통은 동시에 4-5명의 사람에게만 파노라마 사역을 할 수 있다. 믿음의 은사는 사람들에게로 향해 있기 때문에 하나님께서 주신 믿음의 단계, 즉 하나님에 의해 응답되는 믿음까지 자라는 것과 같다. 그래서 나는 설교를 멈추고 그들이 필요로 하는 모든 것에 대해 즉각적으로 반응한다.

영적 사역에서 분별력은 매우 중요하다. 나는 사람들의 믿음을 굳건히 하기 위해 그들과 함께 이야기하고, 그들에게 물어본다. 사람들은 사역을 통해 치유되고 믿음이 세워진다. 이것이 바로 기적이 역사하는 파노라마 사역의 본질이다. 믿음 안에서 기적이 일어난다. 하나님이 기적을 행하시는 것을 보는 것은 매우 즐겁고 강력한 경험이다.

정확하게 이 현상을 설명하기는 어렵지만, 이런 사역의 흐름 속에서 우리는 파노라마 이후에 사역의 열매가 증가함을 경험한다. 이것은 하나님의 영광과 존귀를 드러내는 가장 역동적인 기적이다. 눈 먼 자가 눈을 뜨고, 듣지 못하는 자의 귀가 열리며, 굽은 뼈들이 곧게 펴지고, 종양이 사라지며, 쇠약해진 상태가 호전된다. 특히 사람들의 몸에서 (수술로 인한) 금속들이 사라지는 놀라운 표적과 경이로운 현상들이 나타난다.

종종 금속이 사라질 때 음식이 썩은 냄새나 매캐한 냄새가 난다. 그리고 사람들의 피부 모공으로 금속 조각이나 액체들이 바닥을 덮을 만큼 많은 양이 나오는 경우도 있다. 이러한 기적을 체험하면서도 주님을 경배하며 찬양하지 않는다면, 당신은 죽은 자와 다를 바 없다.

왜 금속이 몸 안에서 녹아서 밖으로 나오는지, 왜 하나님께서 금속 조각을 뼈나 조직으로 바꾸시는지 알 수는 없다. 어떤 사람들은 엑스레이로 여전히 몸 속에 있는 금속 막대를 보기도 하는데, 놀랍게도 그것이 뼈처럼 유연하게 움직인다. 이해할 수 없는 일이지만, 어떻게 그런 일이 일어나는지는 나도 모른다. 그것은 나의 선택이 아닌 주님의 선택이고, 어떤 면에서는 금속이 사라진 것보다 뼈처럼 기능하는 것이 더 큰 표적이자 이적이라고 할 수 있다.

종종 집회에 참석한 성도들이 경험한 간증을 이메일로 공유하는데, 주로 지속적인 표적과 기사들, 주님의 임재와 놀라운 치유, 구원과 축사, 파노라마 사역을 재생산하는 사람들에 관한 이야기이다. 이 얼마나 멋지고 놀라운 일인가! 이러한 일들은 마치 사람들의 내면을 깨워 하나님께서 마지막 때에 보이시는 그분의 영광과 유사한 표적들을 재현하도록 유도하는 촉매제와 같다. 이것은 영적 파노라마에 있어서 가장 멋진 일이다.

이렇게 해서 이 책이 만들어졌고, 이제 우리는 이 책의 핵심으로 나아갈 것이다. 나는 파노라마 사역을 더 깊이 있게 하고 싶다. 그러기 위해 이전 방식의 사역이 끝났다는 것을 인정해야만 했다. 부신피로 증후군에서 회복되는 동안, 주님은 나에게 사역이 오직 주님의 능력과 은혜에 있음을 분명히 하셨다. 35년간의 사역을 뒤로하고, 새롭게 주님의 강력한 기름부음에 의지하는 법을 배워야 했다.

3.
기름부음을 받다

이번 장에서는 '기름부음'에 대하여 논할 것이다. 히브리어 '메샤크'mashach는 '기름으로 문지르거나 바르는 것'을 의미한다. 같은 의미로 헬라어에 '크리오'Chrio라는 단어가 있는데, 이것은 '기름부음을 받은 자' 즉, 예수님을 연상시킨다. 또한 기름부음을 받은 작은 자들인 그리스도인들을 연상케 한다. 그리스도인이 된다는 것은 문맥상으로 '기름부음을 받는다'는 의미이다.

무엇 때문에 기름부음을 받는가? 가장 넓은 의미에서 기름부음은 사람들에게 영적으로 희망을 주고, 그들을 일으켜 세우고, 주님의 임재로 끌어올리는 것을 말한다. 더 구체적으로 기름부음은 하나님으로부터 영적인 치유를 받을 수 있는 곳에 서게 하여 고통에서 해방되고, 아픔에서 회복되는 것을 의미한다. 본질적으로 기름 부을 때 사용되는 관유는 모든 외상과 내상에 대한 진통제이다.

출애굽기 30장에 나오는 기름부음의 성유(聖油)는 성령에 관한 자연스런 표현이다. 그것은 다섯 가지 재료로 구성되어 있는데, 각각은 영적인 연결을 의미한다.

몰약myrrh은 진통제로 쓰이는 고무진과 같은 끈적끈적한 물질이다. 그것은 사랑과 고통, 연민과 열정이 뒤섞인 혼합체를 나타내고, 다른 사람을 대신하여 돌보고 기꺼이 고통을 받는 것을 의미한다.

계피Cinnamon는 가연성이 매우 강한 향신료로, 영적인 불, 즉 영적 부흥을 의미한다. 이 불은 재빨리 빛을 받아 걷잡을 수 없이 타오르는 엄청난 열정을 의미하는데, 이것은 주님을 향해 타오르는 회복을 가져다주는 영적인 불이다.

스위트 플래그Sweet Flag라고도 불리는 창포는 수련들 사이에서 자라나며, 줄기는 대나무처럼 속이 비어 있다. 아로마틱한 향기를 가진 창포는 멍이 들거나 넘어져서 살이 으깨졌을 때 사용되며, 배신과 상처로부터의 용서를 의미한다.

우리가 사역의 압박 속에서 깨어짐을 경험하는 것과 같은 고난을 겪을 때, 쓴 뿌리를 품고 더 악한 길로 가거나 오히려 그 일을 통해 담대하게 전진하여 나갈 수 있다. 사역 가운데 깨어짐을 경험하는 것은 쓸쓸하고 괴로운 일인 동시에, 변화를 위한 좋은 전환점이 되기도 한다.

다른 사람을 섬기는 기쁨에 영향을 주는 것은 바로 우리 자신의 결정이다. 그 결정들로 인하여 영적 생명은 진흙투성이의 강바닥을 뚫고 나와 하늘을 향하여 가지를 뻗게 할 것이다. 이것은 우리 역시 죄악과 왜곡 속에서 번듯하게 다시 일어서야 함을 암시한다. 창포는 곤충들을 멀리 쫓아낸다. 또한 환각제의 영향을 상쇄하며, 혼란한 마음을 맑게 하고, 속이 부글거리는 것을 가라앉도록 돕는 것으로 알려져 있는데, 이러한 효능은 영적인 것과도 연관지을 수 있다.

이어서 계수^{Cassia}는 나무에서 벗긴 껍질로 희생, 숭배, 부러짐을 나타내며, 사람들을 섬기기 위해 겸손하게 나누는 것을 의미한다. 기름부음을 위한 성유$^{anointing\ oil}$의 필수 요소인 계수는 나무에서 잘라 벗긴 것으로, 이것은 성령께서 우리의 나쁜 생각과 감정을 완전히 몰아내시는 것을 영적으로 보여 준다. 거룩하게 구별된 성유는 오직 택함 받은 제사장에게만 주시는 매우 성스러운 것이다.

마지막으로 올리브유는 성유의 향기를 강화시키기 위해 첨가된 재료이다. 성령의 능력과 주님의 임재를 나타내는 올리브유는 혼합물로 인한 잡냄새를 잡아준다.

성령의 세례

앞 장의 경험에서 강조했듯이 우리 각자는 개인적인 기름부음을 받을 수 있으며, 그것은 사람들에게 전달된다. 이것은 주로 우리가 지명되는 것과 관련된 기름부음으로, 성령님에 의해 주어지는 사역이다. 우리는 이것을 통해 어떻게 하나님과 친밀한 관계를 맺을 수 있고, 그분이 일하시는 방법과 어떻게 그분에게서 직접 듣고 받을 수 있는지 알 수 있다. 이것은 헬라어로 '크리스마'Chrisma라고 한다.

개인적인 기름부음은 결코 마르지 않는 생수의 강 같이 영원히 지속된다. 엄밀히 말하자면, 그것은 실제로 어떤 능력이 자라는 것은 아니다. 그리스도와 우리의 관계는 더 자라나지만, 그 능력은 그렇지 않다는 것이다.

우리는 예수 그리스도 안에서 성령의 세례로 기름부음을 받는다. 교리적으로 예수님 안에서 세례를 받아 구원에 이르고, 그 후 방언의 증거와 함께 성령의 세례를 받는 것이다. 이것은 주님과 동행하는 우리 개개인의 영적 발돋움을 위한 것이다.

우리는 이 기름부음을 통해 사람들을 축복할 수 있다. 하지만 다소 제한적이기 때문에, 하나님의 영광과 기름부음이 다른 사람들에게 완전히 전달되지는 못한다.

그런데 그리스도께서 우리에게 내려 주시고 우리와 하나 되어 부어 주시는 성령의 세례는 더 크고 깊은 기름부음이다. 우리는 이것을 사역적인 기름부음ministerial anointing이라고 부른다. 그것은 우리가 해야 하는 일에 기름부음을 받는 것으로, 특별한 과업을 위한 특별한 만지심이다. 이런 유형의 기름부음은 임시적인 것이어서, 사역이 완료된 후에는 완전히 거두어 가신다.

다음의 사실을 명심하라. 기름부음이 개인적이든, 사역적인 것이든 모든 기름부음은 오직 그리스도의 기름부음으로부터 온다. 그분이 우리에게 주시는 것과 분리된 기름부음은 없다. 만약 우리가 그분이 위임하신 권한과 별개로 기름부음을 받으려고 한다면, 그 시도는 헛된 것이다. 주님이 우리에게 맡기신 것 외에 우리에게 주어진 과업은 없다.

만약 우리가 자의로 사역하려 한다면, 그것은 위임된 권한과는 별개로 우리의 것이 아닌 것을 횡령하는 것과 같다. 그러한 기름부음은 순수성을 잃어버려 오염된 것이다. 이 부분에 대한 자세한 내용은《춤추는 하나님의 손》을 참고하기 바란다.

> 그 안에는 신성의 모든 충만이 육체로 거하시고 너희도 그 안에서 충만하여졌으니 그는 모든 정사와 권세의 머리시라 (골 2:9-10)

그 안에서 완성된다는 것은 주님의 충만함으로 온전히 덮이고, 보호받으며, 확장되는 것이다. 예수님은 인간의 몸을 입고 오신 삼위일체의 하나님이시며, 모든 권능의 원천이시다. 그러므로 그분을 통한 기름부음은 은혜로운 선물이며, 그것을 통해 우리 각자에 맞게 그분의 능력이 임하고 완성된다.

예수님의 승천으로 주님은 그분의 영광스러운 몸 안에 기름을 부을 수 있는 무한한 능력을 지니게 되셨다. 그리고 그것을 우리에게 주셔서 그분의 능력과 연합하도록 하셨다. 왜냐하면 예수님께서 그것을 원하셨기 때문이다.

우리의 머리와 근본이 되신 예수님은 이 지구에 있는 육체를 가진 모든 인류를 대표하신다. 이것은 우리에게 부어진 그리스도의 기름부음이다. 우리가 우리 자신을 그분께 내어드릴 때, 그분의 권위와 권능이 우리 안에 온전히 나타나게 된다. 우리와 함께 일하고자 하시는 그분의 열망으로 인해, 주님은 개인적으로 우리의 열정을 불러일으키기 위한 기름부음을 위임된 권한을 통해 공유하고 허락하신다. 이렇게 해서 그리스도의 완전하심으로 우리는 그분이 직접 사역하시는 것처럼 영적 사역을 감당할 수 있다.

기름부음의 능력

기름부음은 인생의 무거운 짐과 멍에를 벗긴다. "그 날에 그의 무거운 짐이 네 어깨에서 떠나고 그의 멍에가 네 목에서 벗어지되 기름진 까닭에 멍에가 부러지리라"(사 10:27). 그것은 예수님이 십자가에서 이루신 승리를 성취하기 위한 성령님의 적극적인 역사하심이다.

그리스도를 따르는 자들에게는 권위(엑수시아)와 능력(두나미스)이 위임된다(하나의 예로 누가복음 9장을 참조하라). 기름부음에서 주목해야 할 중요한 열쇠는 기름부음이 임파테이션을 통해 주님과의 관계 속에서 전달될 수 있다는 것이다.

우리는 기름부음이 오직 하나님에 의해서만 직접적으로 주어진다고 생각할 수 있다. 하지만 하나님께 기름부음 받은 목회자들도 그분으로부터 사역을 위임받아 이 일에 쓰임 받을 수 있다. 다시 말해서 기름부음이 적어도 얼마간은 기름부음을 받은 한 사람(목회자)으로부터 다른 사람(성도)에게 전달될 수 있다는 것이다.

물론, 기름부음은 즉흥적으로 주어지는 것은 아니다. 왜냐하면 그것은 간절히 받고자 하고 지켜져야 하기 때문이다. 그것은 기존의 단체나 교회에 소속된 목회자와 연합되어 행해져야 한다. 모세에게서 여호수아에게, 엘리야에게서 엘리사에게, 바울에게서 디모데에게 전해진 것처럼 임파테이션을 통해 한 세대에서 다음 세대로 이어져야만 한다.

기름부음은 통찰력을 가져오고(계 3:18), 권위를 부여하며(삼하 5:3-4), 물질적인 축복을 가져다주고(민 18:8), 효과적인 사역이 되도록 사역자를 세운다(눅 4:18, 행 10:30). 그것은 승리하는 삶을 위한 강력한 능력(고후 1:20-22)과 진리를 알게 하는 수단(요일 2:20-21)이기도 하다.

> 내가 너를 권하노니 내게서 불로 연단한 금을 사서 부요하게 하고 흰 옷을 사서 입어 벌거벗은 수치를 보이지 않게 하고 안약을 사서 눈에 발라 보게 하라 (계 3:18)

> 이에 이스라엘 모든 장로가 헤브론에 이르러 왕에게 나아오매 다윗 왕이 헤브론에서 여호와 앞에 그들과 언약을 맺으매 그들이 다윗에게 기름을 부어 이스라엘 왕으로 삼으니라 다윗이 나이가 삼십 세에 왕위에 올라 사십 년 동안 다스렸으되 (삼하 5:3-4)

여호와께서 또 아론에게 이르시되 보라 내가 내 거제물 곧 이스라엘 자손이 거룩하게 한 모든 헌물을 네가 주관하게 하고 네가 기름 부음을 받았음으로 말미암아 그것을 너와 네 아들들에게 영구한 몫의 음식으로 주노라 (민 18:8)

주의 성령이 내게 임하셨으니 이는 가난한 자에게 복음을 전하게 하시려고 내게 기름을 부으시고 나를 보내사 포로 된 자에게 자유를, 눈 먼 자에게 다시 보게 함을 전파하며 눌린 자를 자유롭게 하고 (눅 4:18)

고넬료가 이르되 내가 나흘 전 이맘때까지 내 집에서 제 구 시 기도를 하는데 갑자기 한 사람이 빛난 옷을 입고 내 앞에 서서 (행 10:30)

하나님의 약속은 얼마든지 그리스도 안에서 예가 되니 그런즉 그로 말미암아 우리가 아멘 하여 하나님께 영광을 돌리게 되느니라 우리를 너희와 함께 그리스도 안에서 굳건하게 하시고 우리에게 기름을 부으신 이는 하나님이시니 그가 또한 우리에게 인치시고 보증으로 우리 마음에 성령을 주셨느니라 (고후 1:20-22)

너희는 거룩하신 자에게서 기름 부음을 받고 모든 것을 아느니라 내가 너희에게 쓰는 것은 너희가 진리를 알지 못하기 때문이 아니라 알기 때문이요 또 모든 거짓은 진리에서 나지 않기 때문이라 (요일 2:20-21)

그러므로 기름부음은 성도의 사역에 필수적이며, 그것은 반드시 우리 안에서 개발되어야만 한다.

기름부음은 예수님께서 사역하신 것처럼 담대하게 사역할 수 있도록 우리를 두렵게 하는 모든 것들에게서 놓이게 하며, 우리를 자유케 한다. 우리는 하나님께 전적으로 집중하는 것을 배워야만 한다. 그것은 온전히 주님께로부터 오는 기름부음이요, 강력한 능력이요, 권위이다. 우리의 역할은 주님의 사역 안에서 그분의 능력과 권위를 전달하는 통로가 되는 것이다.

치유의 기름부음

잠시 치유의 기름부음healing anointing에 대해 이야기해 보자. 이것은 기름부음의 또 다른 측면인데, 특히 아픔과 질병의 굴레를 깨고 그것으로부터 벗어나기 위해 주어지는 것이다. 전 세계적으로 일어나는 우리 사역은 주로 치유와 관련이 있다. 왜냐하면 구원을 받았든, 받지 않았든 대부분의 사람들이 치유를 필요로 하기 때문이다.

치유는 잃어버린 자들을 향한 하나님의 사랑의 표현이다. 하나님은 그들이 그분의 나라에 들어오기를 간절히 바라신다. 치유는 자기 백성들을 향한 하나님의 사랑을 표현하는 것으로, 육체적으로 복을 얻고자 강력하게 부르짖는 사람들의 간구에 대한 사랑의 응답이다. 치유의 기름부음의 전제조건은 아무리 사소한 아픔일지라도 그것이 하나도 아프지 않은 수준의 건강한 상태, 즉 생명을 위협하는 질병과 중대한 질병의 부재와 같은 신령한 건강$^{divine\ health}$ 상태로 회복되는 것이다. 그것이 자녀들을 위한 하나님의 계획이며, 주님께 치유를 간구할 수 있는 우리의 권리이다.

누가복음 4장은 예수님이 특정한 사람들을 위해 치유사역을 하신 좋은 예이다.

> 예수께서 성령의 능력으로 갈릴리에 돌아가시니 그 소문이 사방에 퍼졌고 … 선지자 이사야의 글을 드리거늘 책을 펴서 이렇게 기록된 데를 찾으시니 곧 주의 성령이 내게 임하셨으니 이는 가난한 자에게 복음을 전하게 하시려고 내게 기름을 부으시고 나를 보내사 포로된 자에게 자유를, 눈 먼 자에게 다시 보게 함을 전파하며 눌린 자를 자유롭게 하고 주의 은혜의 해를 전파하게 하려 하심이라 하였더라 (눅 4:14, 17-19)

성경에는 예수님께서 광야에서 시험을 받으신 후 "성령의 능력으로 갈릴리에 돌아가시니"라고 기록되어 있다. 성령의 능력으로 돌아가시기에 앞서 예수님은 이미 성령의 충만함을 입어 요단강에서 돌아오신 후 40일 동안 광야에서 마귀에게 시험을 받으셨고, 그리고 나서 사람들을 치유하기 위하여 권능 안에서 기름부음을 받으셨다. 예수님은 치유를 위해 기름부음을 받으셨다. 이것이 예수님이 성육신하셔서 기적을 행하신 방법이다. 그렇다. 주님은 하나님의 아들로서 친히 이 세상에 오셔서 권능 안에서 치유를 행하신 것이다.

만약 예수님께서 하나님처럼 행동하셨다면, 우리가 이 지구상에서 그의 치유법을 배우려고 시도하는 것은 소용이 없는 일이 된다. 또한 이러한 내용을 책으로 쓰는 것도 의미 없는 일일 것이다. 그러나 감사하게도 예수님께서는 인자로서 치유하셨고, 그것이 가능함을 우리에게 보여 주셨다. 우리 역시 성령으로 충만함을 입고 시험받은 뒤에 치유의 기름부음을 받을 수 있음을 보여 주신 것이다.

> 하나님이 나사렛 예수에게 성령과 능력을 기름 붓듯 하셨으매 그가 두루 다니시며 착한 일을 행하시고 마귀에게 눌린 모든 사람을 고치셨으니 이는 하나님이 함께 하셨음이라 (행 10:38)

마태복음에서 "예수께서 이르시되 삼가 바리새인과 사두개인들의 누룩을 주의하라"(마 16:6)고 훈계하신 것처럼 우리도 주의해야 한다. 여기서 누룩은 무엇일까? 그것은 적그리스도의 영이다. 이것은 반(反)기름부음과 특히 반(反)치유의 기름부음을 의미하는데, 이것은 히브리서 13장 8절의 증언을 정면으로 부인하는 영이다. "예수 그리스도는 어제나 오늘이나 영원토록 동일하시니라"는 말씀에 맞서 적그리스도의 영은 예수님의 기름부음, 특히 치유의 기름부음을 부인한다.

바리새인과 사두개인의 누룩이란, 그리스도가 누구인지에 대한 왜곡을 의미한다. 그 누룩은 치유의 기름부음을 받으신 예수님의 형상과 성품을 왜곡하고, 그분이 누구이신지를 모호하게 그려냄으로 고통당하는 인류에게 참된 치유를 주시는 그리스도를 제대로 알지 못하도록 방해한다.

나는 오늘날에도 여전히 예수님이 고통받는 인간의 육체를 적극적으로 치유하시는 분이라고 확신한다. 내 생명이 다할 때까지 주님의 치유를 믿지 못하게 하는 적그리스도의 영을 대적할 것이다. 적그리스도의 영은 이 세상을 지배하는 가장 큰 속임수이다. 파노라마 사역의 주된 목적 중 하나는 이러한 악한 영으로부터 자유케 하기 위해 영들에 대한 분별력으로 사역하는 것이다.

> 데오빌로여 내가 먼저 쓴 글에는 무릇 예수께서 행하시며 가르치시기를 시작하심부터 그의 택하신 사도들에게 성령으로 명하시고 승천하신 날까지의 일을 기록하였노라 (행 1:1-2)

예수님께서 행하시고 가르치시는 사역은 지금도 진행 중이다. 그것은 이미 시작되었고, 계속해서 진행 중이다. 누가복음에는 주님이 시작하신 일이 기록되어 있고, 사도행전은 주님이 사람들을 통해 어떻게 그 일들을 이어가셨는지 보여 준다. 사도행전은 "하나님의 나라를 전파하며 주 예수 그리스도에 관한 모든 것을 담대하게 거침없이 가르치더라"는 말씀으로 종결된다.

우리는 지금 성령에 의해 사도행전 29장을 이어가고 있다. 사람들은 말한다. "주님이 그러한 사도행전의 역사가 매우 중요하기 때문에 끝에 문장 하나를 추가했다고 생각하지 않나요?" 그러나 적그리스도의 영은 "이런 식으로 성령에 의해 사도행전이 이어졌지만, 당신은 그 일에서 제외됩니다"라고 말한다.

이것은 거짓이다. 이처럼 왜곡으로 가득한 진술은 거부하겠다. 분명한 것은 오늘날에도 예수님의 사역들이 계속되고 있다는 사실이다. 구원이 계속되면, 치유도 계속된다. 예수님의 역사들은 무엇을 위한 것이었는가? 무엇이 복음서 전체에 수도 없이 기록되어 있는가? 그렇다. 육신의 치유, 귀신의 억압에서 놓임을 받는 것, 눈먼 자가 눈을 뜨는 것, 듣지 못하는 자가 듣게 되는 것, 굽고 비뚤어진 몸이 펴지는 것, 온갖 질병들이 완전히 낫는 것이다!

만약 그 모든 것이 중단되었다면, 어떻게 오늘날에도 진정한 구원이 있다고 확언할 수 있겠는가? 만약 그것이 중단되었다면, 치유와 구원에 대한 소망이 끊어지는 것인가? 성경을 보면, 이것이 여전히 오늘날과 관련되어 일어남을 알게 된다. 나에게 있어서 어떤 사람의 영혼에 구원이 찾아왔다는 가장 큰 표적 중 하나는 구원을 주시는 하나님께서 그 사람의 육체에도 회복을 주시는 것이다.

치유는 당신과 내가 영적으로 구원받을 수 있다는 사실로 인도한다. 성경에서 예수님이 사람들을 치유하시는 이유가 무엇인가? 바로 그들이 지옥불로부터 구원받을 수 있다는 것을 보여 주시기 위함이며, 이는 보이지 않는 영생과 구원에 대한 명백한 증거인 것이다. 그것이 바로 치유가 훌륭한 전도의 도구인 이유이다. 치유는 영생과 구원을 의미하는 하나의 표시이다.

치유의 기름부음의 목적은 사람들을 육체의 연약함으로부터 자유케 하고, 그들의 멍에를 깨뜨리시는 예수님의 사역들을 전달하는 것이다. 지금도 많은 사람들이 질병과 육신의 연약함, 암, 당뇨, 심한 육체적 손상, 불구, 장애 등과 같은 무거운 짐들을 어깨에 짊어진 채 좌절한다.

> 그 날에 그의 무거운 짐이 네 어깨에서 떠나고 그의 멍에가 네 목에서 벗어지되 기름진 까닭에 멍에가 부러지리라 (사 10:27)

모든 멍에는 오직 이 치유의 기름부음을 활성화시킴으로 깨뜨릴 수 있다. 이 기름부음이 활성화되는 한 가지 확실한 방법이 바로 파노라마 치유사역이다. 물론 다른 방법도 있다. 하지만 이 책의 목적이 치유의 기름부음이 예언적 기름부음과 하나가 되는 것이므로, 이것에 대해 다룰 것이다. 나는 그리스도께서 그의 백성들에게 쏟아부으신 치유의 기름부음, 즉 파노라마 사역이 어떻게 더 강력하게 역사할 수 있을지에 대해 연구하고 있다.

치유 기름부음의 활성화

치유의 기름부음을 활성화하는 법칙들이 있다. 첫째, 기름부음은 하나님의 부르심으로 인해 활성화된다. 사도행전 10장 38절은 "하나님이 나사렛 예수에게 성령과 능력을 기름 붓듯 하셨으매"라고 증거하는데, 이는 성령과 능력이 예수님의 몸에 부어짐을 알게 하는 대목이다. 마가복음 5장 25-30절, 마태복음 14장 34-36절, 누가복음 6장 17-19절은 그리스도 안에 거하는 능력이 아픈 사람들을 치료하기 위해 풀어지는 예를 보여 준다.

치유 기름부음의 능력은 천국의 영적인 물질이다. 그것은 투과할 수 있고, 측정 가능하며, 전기와 같다. 헬라어로 '두나미스'dunamis라고 부르는 이 능력은 스스로 재생산하고, 지속적으로 사용하지 않으면 소멸된다.

"엘리야가 겉옷을 가지고 말아 물을 치매 물이 이리 저리 갈라지고 두 사람이 마른 땅 위로 건너더라"(왕하 2:8). 여기서 겉옷이 기름부음을 흡수했다는 것에 주목하라.

치유의 기름부음은 믿음을 통해 받아들여지고 활성화된다. 그것은 계시를 바탕으로 하는 기대에서 온다. 치유는 부여되는 치유의 능력이 나가는 정도와 그 능력을 가능하게 하는 믿음의 정도, 이 두 가지 조건에 기초한다. 이것이 바로 기름부음에 요구되는 매우 중요한 조건들이다. 치유의 기름부음은 사역 가운데 나타날 수 있지만, 그것이 적극적인 믿음으로 받아들여지지 않는다면 곧 비활성화되거나 수동적으로 사용될 수 있다. 우리가 믿음으로 반응할 때, 기름부음은 더 강하게 일어난다. 믿음은 우리로 하여금 행동하게 한다.

> 예수께서 이르시되 딸아 네 믿음이 너를 구원하였으니 평안히 가라 네 병에서 놓여 건강할지어다 (막 5:34)

잃어버린 자들을 부르실 때 베푸시는 주권적 치유의 은혜를 제외하고, 하나님께 치유의 능력이 있다고 해서 우리가 항상 치유되는 것은 아니다. 혈루병에 걸린 여인이 등장하는 위의 본문(막 5장)에서 예수님은 치유의 능력이 자신에게서 흘러나갔음을 알아차리셨다. 이것은 예수님께 그 자리에 있는 모든 사람을 치유할 수 있는 능력resident power(특정 장소에 거하는 치유의 능력)이 있었음을 알려 준다. 그러나 오직 그 여인만이 예수님의 옷에 손을 대기만 해도 구원을 얻으리라는 믿음으로 치유되었다. 오직 그녀만이 주님의 치유의 기름부음을 받을 것을 믿고 그분의 옷자락을 만진 것이다.

누가복음 5장 17-26절의 예수님께서 중풍병자를 고치신 사건을 살펴보라. 17절은 "병을 고치는 주의 능력이 예수와 함께 하더라"라고 말한다. 이것은 중풍병자가 등장하기 전의 일이다. 하나님께서는 그곳에 있는 모든 사람이 치료되기 원하셨을 것이다. 하지만 안타깝게도 오직 한 사람만 일으킴을 받았다.

마가복음 6장 1-6절에는 "거기서는 아무 권능도 행하실 수 없어 다만 소수의 병자에게 안수하여 고치실 뿐이었고"라고 쓰여 있는데, 이것은 예수님의 권능이 부족해서 그런 결과가 나온 것이 아니다. 사람들의 불신 때문에 치유의 권능이 풀어지지 못한 것이다. 성경은 이것이 그들의 불신 때문이라고 말한다.

치유에 대한 필요가 있다 할지라도, 그것을 요청하지 않으면 치유의 기름부음이 나타나지 않는다. 개개인이 반드시 기름부음을 요청해야만 한다. 이것은 개인적으로든, 군중 속에 있든 마찬가지이다. 믿지 않으면 기름부음의 흐름은 멈출 것이다. 치유의 기름부음이 방출되는 영적 파노라마 사역의 목적은 만성적인 질병의 원인을 분별하고, 어려움에 처한 사람의 믿음의 수준을 높이며, 그 사람이 치유를 위해 기름부음을 요청할 수 있도록 주님과의 대면을 제공하는 것이다.

예수님이 성령의 기름부음을 받아 치유하실 수 있다는 사실을 믿는 자들이 나음을 입었다. 믿음으로 치유받으려면, 먼저 믿음에 대해 들어야 한다.

자세한 설명은 마태복음 14장 35-36절을 읽어 보라. "그 곳 사람들이 예수이신 줄을 알고 그 근방에 두루 통지하여 모든 병든 자를 예수께 데리고 와서 다만 예수의 옷자락에라도 손을 대게 하시기를 간구하니 손을 대는 자는 다 나음을 얻으니라." 그곳 사람들이 "예수이신 줄 알고" 병든 사람들을 모두 주님께 데리고 왔다. 뉴킹제임스역에서는 "예수님을 알아보았다"라고 말한다. 전제는 같다. 그들은 먼저 예수님이 치유하실 수 있다고 믿었고, 그래서 병든 사람들을 그분께 데려온 것이다.

마태복음 9장 27-30절에서 주님이 두 맹인에게 물으셨다. "내가 능히 이 일 할 줄을 믿느냐?" 그들이 믿음으로 반응하자, 예수님께서 그들에게 말씀하셨다. "너희 믿음대로 되라." 그리고 그들의 눈이 밝아졌다.

이것은 사람들의 믿음에 따라 치유가 풀어지는 원리를 보여 준다. 치유의 기름부음이 있든, 없든 우리는 믿음으로 치유를 경험할 수 있다. 참으로 강력한 개념 아닌가! 이것은 사실이다. 우리는 믿음이 있는 누구에게나 손을 얹을 수 있고, 놀라운 결과를 볼 수 있다.

따라서 치유의 기름부음이 특정한 개인에게 흘러가지 않더라도, 치유를 봄으로써 사람들의 믿음이 커진다. 또한 아무도 손을 대지 않았는데도 사람들이 치유되기도 한다.

어떤 사람(치유받고자 하는 사람)이 기름부음을 받은 신령한 사람과 함께 서 있을 때, 치유의 기름부음은 조금 더 쉽게 역사한다. 하지만 그렇다고 해서 그 사람이 기름부음을 받고, 그것을 믿음으로 받아들여야 하는 의무가 없어지는 것은 아니다.

파노라마 사역의 풀어놓음release을 통해 많은 유익을 얻기 위해서는 기름부음의 영적 전제조건을 다양한 측면에서 이해해야 한다.

사역의 기름부음

나는 앞에서 기름부음이 영적인 물질이라고 말한 바 있다. 그것은 혼적인 차원의 것이 아니다. 우리의 지, 정, 의는 기름부음의 흐름을 방해할 수 있다. 기름부음이 풀어지는 것은 영으로부터 나와서 배 밑으로 내려가고, 성도(사역을 받는 사람들)를 향해 긍휼과 사랑으로 흘러간다. 우리는 능력보다 사랑을 갈망해야만 한다. 그리고 우리가 억지로 기름부음을 강요할 수도 없고, 오직 그것이 자연스럽게 흐르게 할 수 있다는 것을 알아야 한다. 또한 이 모든 것을 통해 기름부음이 사람들을 흠뻑 적시고, 덮으며, 완전히 감싼다는 사실을 기억해야 한다.

내가 사역의 기름부음과 관련해서 전하고자 하는 개념은 기름부음을 응축시키는 것에 관한 것이다. 이것은 기름을 더 두껍게 부어 우리가 사역하는 사람들의 머리부터 발끝까지 덮어 버리는 것이다. 그것은 그들을 집중된 권위와 권능 안에 누에고치에 싸듯이 보호하고 완전히 덮는 것을 의미한다. 이것이 파노라마 사역을 위한 기초이자 토대가 되는 경험이다.

사역의 기름부음은 필요에 따라 강화 및 압축되어야 한다. 영적 파노라마를 경험하는 것은 이러한 증폭의 한 종류이다. 그러나 기름부음을 집중시키는 일차적인 방법은 주님 앞에서 잠잠히 그분을 기다리고, 은밀한 장소에서 고요한 가운데 그분의 영에 대한 민감성을 키우는 것이다.

우리가 하나님의 권능의 풀어짐을 충분히 보지 못하는 이유 중 하나는 예수님의 무한한 기름부음에 대한 이해의 부족이나 선입견으로 기름부음이 '얇아지기' 때문이다. 이러한 결과는 거룩함, 겸손, 깨어짐이 부족해서 생기는 현상이다.

문제는 어떻게 하면 내가 맨체스터에서 경험한 것과 같은 사건들이 반복적으로 일어나게 할 수 있는가이다. 주님의 충만한 기름부음 가운데 어떻게 주님이 원하시는 대로 움직일 수 있는가이다. 주님이 임하신 곳은 그분의 무한한 기름부음으로 덮여 있다. 그런 일이 정기적으로 일어나는 것을 보기 위한 열쇠는 무엇일까? 나에게 그런 수준에 도달할 힘이 없음을 인정하고, 내 능력이 아니라 오직 주님이 일하시고, 사역을 재구성하시며, 조정하고 계심을 믿는 것이다. 나는 주님께 이 계시를 다른 사람들과 그들의 사역에 어떻게 전달해야 할지 묻기 시작하였다.

주님이 나의 탈진과 쇠약증을 계획하시거나 의도하지는 않으셨지만, 그것을 나로 하여금 기름부음에 겸손히 임하게 하는 도구로 삼으셨다. 기름부음이 풀어지는 가장 중요한 열쇠 중 하나는 바로 겸손이다. 주님은 고난을 통해 이것을 가르쳐 주셨다.

주님 앞에서 회개하고 겸손해지는 것은 그다지 인기 있는 주제는 아니다. 그래서 그런지 오늘날 많은 주의 종들이 이것을 쉽게 간과하고 있다. 하지만 기름부음에 있어서 겸손은 필수요소이다.

> 무릇 마음이 가난하고 심령에 통회하며 내 말을 듣고 떠는 자 그 사람은 내가 돌보려니와 (사 66:2)

오늘날 많은 사람들이 주님 앞에서 겸손하고, 끊임없이 깨어진다는 것이 무엇을 뜻하는지 알지 못한다. 이것은 그분이 말씀하실 때 두려움으로 떠는 것이다. 내 생각에 우리는 더 이상 그렇게 떨지 않는 것 같다. 구원의 은혜 앞에 겸손하고, 삶이 어려울 때에도 겸손하지만, 매일의 삶에서는 그렇지 않은 듯하다. 그러나 진정한 기쁨은 온유함과 참회 가운데 온전히 깨어질 때 주어진다. 이것을 알면서도 우리는 종종 실수를 범한다.

부신피로 증후군은 사역을 제대로 수행하기 위해 내가 얼마나 주님의 은혜에 완전히 기대고 의존하고 있는지 상기시켰다. 이것은 맨체스터에서의 경험 후에 주님이 허락하신 기름부음의 중요한 열쇠 중 하나였다. 조금 더 시간을 갖고 기름부음에 있어서 겸손에 대해 생각해 보자.

4.
겸손의 기쁨

주 앞에서 낮추라 그리하면 주께서 너희를 높이시리라 (약 4:10)

이 장의 주제는 익숙하지 않은 개념이다. 겸손의 기쁨이라니! 하지만 이것은 사실이다. 다윗 왕이 죄를 짓고 시편 51장 12절을 썼던 때를 기억하는가? "주의 구원의 즐거움을 내게 회복시켜 주시고."

구약시대에 진정으로 회개하는 사람은 베옷을 입고 머리에 재를 뿌렸다. 그들은 전능하신 하나님께 대적한 죄악에 대해 참회하는 마음으로 먼지 속에서 데굴데굴 구르기도 하였다. 또한 옷을 찢고 손으로 턱수염을 뜯기도 하였는데, 이것은 매우 진지하고 심각한 뉘우침이었다. 우리는 자신의 과오에 대해 얼마나 회개하고 있는가? 물론 우리가 수염을 뜯고, 굵은 삼베를 머리에 쓰고 돌아다녀야 한다는 것은 아니다. 그러나 이 모든 것은 깊은 참회의 표식들이다.

우리는 자신이 지은 죄에 대해 얼마나 후회하는가? 하나님이 보시기에 우리는 얼마나 겸손한가?

우리 죄가 다른 사람들에게 어떤 영향을 주든지(확실히 죄는 인간에게 영향을 미친다) 그것은 생명책에 기록된다. 시편 51장 4절은 "내가 주께만 범죄하여 주의 목전에 악을 행하였사오니 주께서 말씀하실 때에 의로우시다 하고 주께서 심판하실 때에 순전하시다 하리이다"라고 말한다. 누가복음 15장의 돌아온 탕자 이야기는 우리가 하늘 아버지께 죄를 지었다는 것을 보여 준다. "내가 일어나 아버지께 가서 이르기를 아버지 내가 하늘과 아버지께 죄를 지었사오니"(18절).

당신은 만물의 창조주이신 하나님께 죄를 지었다. 당신은 그분의 법을 무시했고, 그것이 그분을 분노하게 하였다. 당신은 그분이 주신 영원한 삶, 안전, 평화, 부, 기쁨, 행복, 건강과 같은 놀라운 자원들을 낭비하였다. 그로 인해 당신은 악마와 타락한 천사들처럼 영원히 끝나지 않는 죽음과 고통을 선고받았다. 그것은 그 자체로 완전히 보잘것없게 되었음을 의미한다.

그런데 하나님은 당신을 용서하시겠다는 기쁜 소식을 주시고, 당신의 의심을 용서하시며, 당신을 품에 안고 목을 붙잡고 입 맞추고 싶어 하신다. 주님은 최고의 겉옷을 당신에게 입히시고, 당신의 손에 반지를 끼우시며, 당신의 발에 신발을 신겨 주신다. 누가복음 15장

22-24절은 다음과 같이 말한다. "아버지는 종들에게 이르되 제일 좋은 옷을 내어다가 입히고 손에 가락지를 끼우고 발에 신을 신기라 그리고 살진 송아지를 끌어다가 잡으라 우리가 먹고 즐기자 이 내 아들은 죽었다가 다시 살아났으며 내가 잃었다가 다시 얻었노라 하니 그들이 즐거워하더라."

하나님은 이것을 몹시 원하신다. 그분은 자신을 대적하여 죄를 범한 자들을 위해 생명의 피값을 지불하시려고 유일하신 독생자이며 완전한 하나님이신 예수님을 이 땅으로 보내셔서 십자가에 못 박히게 하셨다. 이것이야말로 최고의 겸손 아닌가! 하나님이 인간으로 오셔서 십자가에서 우리 죄를 대신하여 처형당하신 사건은 가장 낮은 곳에 임한 겸손의 절정이다.

탕자의 아버지는 아들을 용서한 후, 그로 자리에서 일어나 먼지를 떨어내고 가장 멋진 옷으로 갈아입게 하였다. 왜 그런가? 주님께서 진실로 참회하는 자를 용서하시고, 흙먼지 더미에서 건져내겠다고 약속하셨기 때문이다.

> 누구든지 자기를 높이는 자는 낮아지고 누구든지 자기를 낮추는 자는 높아지리라 (마 23:12)

주님의 은총은 그분 앞에서 겸손히 참회하는 자들에게 주어진다. 주님만이 그분께 지은 죄를 용서하실 수 있는 유일한 분이기 때문에, 그분 앞에서 참회하고 자기를 내세우지 않는 것은 우리의 의무이다.

그렇지 않은가?

만약 그렇게 한다면 주께서는 자녀인 우리를 일으켜 세우시고, 용서하시며, 상처받은 마음을 고쳐 주시고, 기쁨으로 채우시며, 구원과 의의 예복을 입히실 것이라고 약속하신다.

우리는 보혈의 피로 사신 바 된 하나님의 자녀로 다시 태어났지만, 정말 그러한 영적 체험을 통해 변화되었는지 스스로 점검해 보아야 한다. 우리는 그것을 충분히 경험하고 있는가?

반율법주의

오늘날 은사사역이 세계 도처에서 일어나고 있다. 그것은 새로운 사건이 아니다. 사실 꽤 오래되었다. 왜냐하면 이것이 반율법주의에 뿌리를 두고 있기 때문이다. 반율법주의antinomianism는 무엇인가? 이 용어는 마틴 루터가 처음 사용한 것으로, 율법에 대한 거절을 의미한다(그는 이단적 교리를 강하게 거부했고, 그것을 반박하는 논문을 쓰기도 하였다). 불법lawlessness이라는 개념은 유대교보다는 예수님의 가르침과 사도 바울의 교리에서 다루었고, 1500년대에 비로소 공식화되어 새로운 면모를 갖추게 되었다.

루터는 '의인은 행함이 아니라 오직 믿음으로 살 것이다'라고 가르쳤다. 하지만 놀랍게도 반율법주의자들은 이 단순한 개념('행함이 아니라 믿음'이라는 종교개혁의 본질)을 왜곡시켜 '구원받았으면 도덕률을 따를 필요가 전혀 없다'고 주장하였다. 왜냐하면 그들은 본질적으로 믿음만으로 구원받기 때문에 어떻게 사는지는 중요하지 않으며, 주님이 그분을 믿는 자들을 구원하신다고 믿었기 때문이다.

심지어 반율법주의자들의 일부는 그들이 직접 들은 하나님의 음성이 성경의 말씀보다 더 우월하고 완전한 계시라고 여겼다. 그래서 말씀으로부터 받은 교훈을 따르라고 가르치는 한편, 어떤 경우에는 충돌을 일으키고 공인된 성경의 권위를 남용하였다.

안타깝지만 오늘날에도 비슷한 개념을 가르치는 사람들이 있다. 지금도 그들은 자신들에게 더 많은 계시가 오고 있고, 이것이 여전히 성경의 주제라고 주장한다. 그리고 얼마든지 하나님의 말씀에 더하고 추가할 수 있다고 하면서, 그들의 계시가 성경과 맞먹는 권위를 갖는다고 주장한다. 이것이 얼마나 위험한지 당신은 알 것이다. 한 번의 작은 공격 혹은 원수들의 교묘한 현혹 말이다. 어느 날 갑자기 완전한 계시로 둔갑한 그들의 계시가 공인된 성경의 말씀보다 더 높아진다. 심지어 180년 전 미국 미주리 주에는 예언자의 계시에 따라 신전을 세우려고 시도한 사이비 집단도 있었다.

이러한 반율법주의자들과 그들의 계시의 문제점은 극단적인 형태의 무정부 혹은 무질서 상태를 초래한다는 것이다. 솔직히 말해서 인간에게는 극단적인 성향이 있다.

대부분의 반율법주의자들은 '율법은 필요 없다'는 확신 가운데 누구나 원하는 것을 무엇이든 할 수 있다고 주장하는데, 이것은 옳지 못한 생각이다. 그들의 이단적인 생각은 '하나님께서 우리에게 거룩하게 행동하기를 요구하지 않으신다'는 잘못된 생각에서 비롯된다. 때로 우리는 이웃을 내 몸처럼 사랑하기가 힘들고, 우리가 속한 공동체의 규범을 무시하기도 한다. 하지만, 복음을 나누는 자유를 벗어나지 않는 한, 이 땅의 법을 지키는 것을 포함하여 의로운 삶의 방식을 따라 살아야 한다는 하나님의 말씀을 분명히 규정해야만 한다.

> 베드로와 요한이 대답하여 이르되 하나님 앞에서 너희의 말을 듣는 것이 하나님의 말씀을 듣는 것보다 옳은가 판단하라 우리는 보고 들은 것을 말하지 아니할 수 없다 하니 (행 4:19-20)

> 베드로와 사도들이 대답하여 이르되 사람보다 하나님께 순종하는 것이 마땅하니라 (행 5:29)

중요한 점은 반율법주의가 거룩하신 주님의 의로운 요구가 아니라 하나님의 선하심만을 강조한다는 것이다.

반율법주의자가 처음 등장한 500년 전으로 돌아가 비교해 보면, 지금 이 시대의 운동 방식이 약간 바뀌긴 했으나 잘못된 정보에 근거한 오해는 여전히 남아 있다. 그들의 전제는 이것이다. "우리는 회개함으로 구원받았다. 그런데 왜 계속 회개해야 하는가? 우리가 이미 구원을 받았으므로, 계속 뉘우치는 것은 어리석은 짓이다." 사실 이러한 주장은 우리가 회개할 필요가 없으며, 회개를 강조하는 것을 악령의 역사로 여길 정도로 받아들여졌다. 지금도 사람들을 회개의 정죄감에서 해방시키기 위한 예배들이 열리고 있다. 그러나 이 모든 것이 어쩌면 그들을 마귀적인 억압으로 이끄는 것이라고 할 수 있다.

나는 이것이 어디에서 왔는지, 또 어떻게 된 일인지 알고 있다. 그렇다. 우리의 죄는 용서받고 잊혀진다. 시편 103편 12절에 따르면, 하나님께서는 동이 서에서 먼 것 같이 우리의 죄과를 우리에게서 멀리 옮기셨다. 우리가 하나님의 기억에서 지워진 과거의 죄에 대해 정죄를 받아야 한다고 말하는 것이 아니다. 당신은 과거의 죄를 잊고 살 수도 있고, 정죄감에 빠진 비참하고 좌절된 영혼이 될 수도 있다. 야고보서 4장 10절의 "주 앞에서 낮추라 그리하면 주께서 너희를 높이시리라"는 말씀을 잊지 말라.

우리가 아무리 새롭게 되어 죄악의 본성이 없어지고, 성령의 생명으로 가득하여 지금부터 영원까지 새 하늘과 새 땅에서 그리스도와 함께 통치하고 다스릴지라도, 여전히 구속받은 영혼에 불과하다는 사실을 잊지 말아야 한다. 왜냐하면 하나님께서 먼저 우리를 사랑하셨고, 구원받지 못한 인간을 회복시키는 일을 시작하셨기 때문이다.

우리는 다 부정한 자 같아서

죄에는 모르고 지은 죄, 고의로 짓는 죄(고범죄), 그리고 그리스도의 율법에 어긋나는 죄가 있다. 또한, 태만한 죄 혹은 무의식적으로 저지른 죄도 있다. 야고보서 4장 10절은 "주 앞에서 낮추라 그리하면 주께서 너희를 높이시리라"고 말하는데, 17절은 다음의 사실을 상기시킨다. "그러므로 사람이 선을 행할 줄 알고도 행하지 아니하면 죄니라."

당신은 어떤지 모르지만, 나는 매 순간 하나님의 사랑으로 사람들을 사랑하는 데 한계를 느낀다. 그것은 불가능해 보인다. 왜냐하면 나 역시 연약한 인간이기 때문이다. 나는 구원받았고, 이 구원은 확실한 것이다. 그리고 더 이상 습관적으로 대범하게 죄를 짓지는 않는다. 공중에서 주님을 만날 때, 나의 부패한 육체는 정결해진다. 즉 죄가 없는 상태가 된다. 고린도전서 15장에서 말하는 신비로움(그리스도의 부활, 죽은 자의 부활의 신비)이 바로 이것이다. 사실, 사도 바울은 우리에게 어떤 일이 일어나는지 매우 분명하고 정확하게 말하고 있다.

예수님께서 죄로 부패한 나의 육체를 그분의 피로 구원하기로 선택하셨기 때문에, 나는 새롭고 깨끗하며 죄 없는 몸으로 주님을 볼 것이다. 주님은 인간으로 오셔서 겸손하게 죽으신 후 부활하셨고, 영광스런 육체로 영원한 부활의 첫 열매가 되셨다. 그리고 나는 주님의 값비싼 희생으로 사신 바 된 영혼이 된 것이다.

이것에 대해서 생각해 본 적이 있는가? 예수님이 세상 끝날까지 인자가 되기로 선택하신 것은 당신과 하나님 아버지 사이의 통로가 되시기 위함이다. 만약 그분이 그렇게 하기로 선택하지 않으셨다면, 그 통로는 무너졌을 것이다.

당신은 어떤지 모르지만, 나는 마음과 뜻과 힘을 다하여 나의 하나님을 변함없이 사랑하지는 못한다. 물론 기본적인 필수사항에는 최선을 다한다. 즉, 아내에게 충실하고, 훔치거나 도둑질하지 않으며,

살인하지도 않는다. 그러나 먹고 마시고 살아가는 일상에서 정말 100퍼센트 모든 경우에 예수님이 최우선이라고 장담하지 못한다. 어쩌면 그것이 가능한 사람도 있을 것이다. 하나님의 은혜로 말이다. 하지만 나는 우리 모두 아직 갈 길이 멀다는 것을 인정한다. 우리의 연약함을 너무 잘 알고 있기 때문이다.

어쩌면 며칠, 몇 주, 몇 달간 정말 후회 없는 삶을 사는 것이 몇몇에게 가능할 수도 있다. 하지만 죄에 대하여, 의에 대하여, 심판에 대하여 세상을 책망하시는 성령님께 물어보라(요 16:8). 만약 하나님 아버지 앞에서 고백할 것이 있다면, 그분 앞에서 겸손해야 한다. 그렇게 할 때, 다시 새로워질 것이다.

회개는 삶의 방식이어야 한다. 그것은 일회성 이벤트가 아니다. 이것은 행함 못지않은 태도의 문제이다. 단지 죄의 용서를 말하는 것이 아니다. 그것은 자신을 내세우지 않고 겸손하게 주님 앞에 엎드리는 것이다. 그리고 이러한 삶이 오직 주님의 은혜로만 가능하다는 것을 기억해야 한다. 이것이 바로 '회개를 회개함'repenting of repenting이라는 새로운 영성운동에 대하여 내가 가장 우려하는 바이다.

우리는 깨어짐을 통하여 새로워진다. 이것은 회개에 대한 보상, 주어진 약속과 문제에 대한 해답이다. 위로 들어 올려지는 것은 왜일까? 그 후에 하늘의 기쁨이 임하기 때문이다.

이제 나는 '한 번 구원은 영원한 구원이다'라는 주제에 대하여 더 이상 거론하지 않을 것이다. 이것은 아마도 주님이 다시 오실 때까지 결론이 나지 않을 논쟁거리이다. 내가 강조하고 싶은 것은 이것이다.

만일 당신이 미지근하여 뜨겁지도 않고 차지도 않은 상태로 있다면, 하나님께서 당신을 토해내실 것이다. "네가 이같이 미지근하여 뜨겁지도 아니하고 차지도 아니하니 내 입에서 너를 토하여 버리리라"(계 3:16).

우리 중 누구도 자신이 언제 죽을지 정확히 알지 못한다. 부디 우리가 거룩하고 의로우신 하나님과의 관계에서 너무 안이하고 편안해지지 않기를, 고백하지 않은 죄 없이 그분을 만나게 되기를 바란다. 불의를 멀리하여 그것이 뿌리내리지 않게 하라. 단 1분이라도 틈을 허락하지 말라. 무릎 꿇고 당신의 죄를 하나님 아버지 앞에서 고백하라. 죄를 지음으로 자신을 파멸시키지 말라. 다시 일어나라. 과거에 대한 정죄로 인생을 허비하지 말라. 자기 의로 가득한 독선적인 삶을 포기하라. 지금 바로 여기에 천국이 있다. 그것을 꽉 붙잡으라!

> 그러므로 너희가 그리스도와 함께 다시 살리심을 받았으면 위의 것을 찾으라 거기는 그리스도께서 하나님 우편에 앉아 계시느니라 위의 것을 생각하고 땅의 것을 생각하지 말라 이는 너희가 죽었고 너희 생명이 그리스도와 함께 하나님 안에 감추어졌음이라 우리 생명이신 그리스도께서 나타나실 그 때에 너희도 그와 함께 영광 중에 나타나리라 (골 3:1-4)

위의 성경구절은 당신의 생명이 하나님 안에 감추어졌을 뿐 당신이 길을 잃었다고 말하지 않는다. 그 은밀한 곳에서 보이고 나타나는 것은 당신을 통해 드러나는 그리스도이시다.

이러한 계시들은 엄청난 기름부음을 통하여 활성화되는데, 그것은 은밀한 곳에 거함으로 얻을 수 있다. 당신이 이 책을 50번 읽더라도 그 개념이 당신이 골방에서 기도할 때 적용되지 않는다면, 최소한의 영향만 주게 될 것이다. 하나님 안에서 그리스도와 함께 은밀한 처소에 거하라.

주기도문과 하나님 나라에 관해 이야기해 보자. 마태복음 6장 10절에서 예수님께서는 "나라가 임하시오며 뜻이 하늘에서 이루어진 것같이 땅에서도 이루어지이다"라고 말씀하셨다. 즉 하나님 나라가 하늘에 있는 것과 같이 땅에서도 이루어진다고 하신 것이다. 주 예수 그리스도의 기도는 의와 기쁨과 평화가 이 땅에 표현되는, 땅 위에 임하는 하나님 나라에 대한 것이다. 그것은 천국의 권위와 권세가 이 땅 위에 드러나는 것을 의미한다. 우리는 주님이 재림하실 때 실제적인 나라가 될 영적인 왕국의 일부이다(이 부분은 이 책의 범위를 넘어서기 때문에 자세히 논하지 않겠다).

내가 주장하고 싶은 것은 천국이 이 땅을 지배할 때, 우리의 것과 섞이게 하는 기름부음인 '아래로 내려오는 것'이 있다는 것이다. 우리는 우리가 땅이라는 것을 알아야 한다. 이 땅은 하나님 나라를 나타내게 되어 있다. 그 나라는 이미 왔다. 그리고 그것은 거듭난 우리 안에 살고 있다.

세례 요한이 천국이 가까이 왔다고 부르짖었을 때, 어떻게 말했는가? "회개하라!"고 외쳤다. 회개는 하나님 나라를 기업으로 받기 위한 첫 단계이다. 그러면 하나님 나라, 즉 하나님의 통치란 무엇일까?

이 땅에 임한 하나님 나라에 대한 다양한 가르침들이 있는데, 나는 그 개념들 대부분에 동의한다. 우리는 하나님 나라가 이 땅에 있다는 것을 잊지 말아야 한다. 하나님 나라는 우리 안에 있고, 우리가 가는 곳마다 그 나라가 드러난다. 그러나 하나님 나라가 하늘에서 지배하는 것만큼 완전하게 임하지는 않는다.

영광의 사람들로서 우리는 하나님 나라가 이 땅에 임하기를 구하고, 예수님처럼 열린 천국의 경험을 추구하는 사람들이다. 그렇다면 하나님 나라는 무엇으로 구성되어 있을까? 그 나라의 세 가지 핵심 요소는 의와 평강과 기쁨이다.

> 만일 음식으로 말미암아 네 형제가 근심하게 되면 이는 네가 사랑으로 행하지 아니함이라 그리스도께서 대신하여 죽으신 형제를 네 음식으로 망하게 하지 말라 그러므로 너희의 선한 것이 비방을 받지 않게 하라 하나님의 나라는 먹는 것과 마시는 것이 아니요 오직 성령 안에 있는 의와 평강과 희락이라 이로써 그리스도를 섬기는 자는 하나님을 기쁘시게 하며 사람에게도 칭찬을 받느니라 (롬 14:15-18)

사도 바울이 여기서 논의하는 맥락은 자유와 사랑의 법칙이다. 물론 한 사람이 자신의 음식을 선택하는 것은 전적으로 그의 권리이지만, 동시에 형제를 사랑하고 평화와 기쁨이 함께해야 한다는 것이다. 성경은 하나님 나라에서는 자유와 사랑의 법이 지배한다고 말한다. 나는 하나님 나라의 의와 평강과 기쁨이 겸손과 회개에 뿌리를 두고 있음을 이야기하고 싶다. 의로움이란 무엇인가? 그것은 그분의 특별하고 분명한 은총 안에서 우리가 주님 앞에 바로 서는 것이며, 그분 앞에서 한 점의 부끄러움도 없는 것이다. 그러므로 그것은 전적으로 주님께서 베풀어 주시는 은혜이다. 어떻게 우리가 주님 앞에 바로 설 수 있을까? 분명 우리 자신과 우리가 가진 것들은 아무것도 아니다. 우리의 모든 의로움, 즉 자기 의로 가득하여 경건한 척하는 것과 허영심은 더러운 누더기와 같다.

이사야가 말하였다. "무릇 우리는 다 부정한 자 같아서 우리의 의는 다 더러운 옷 같으며 우리는 다 잎사귀 같이 시들므로 우리의 죄악이 바람 같이 우리를 몰아가나이다"(사 64:6). 여기서 '더러운 옷'(누더기)은 참으로 강력한 단어이다. 그런데 주께서 왜 진노하셔서 그의 얼굴을 숨기고 잠잠하신 것일까? 그것은 우리의 죄악, 의롭지 못함, 불법 때문이다.

이사야는 "여호와여, 너무 분노하지 마시오며 죄악을 영원히 기억하지 마시옵소서 구하오니 보시옵소서 보시옵소서 우리는 다 주의 백성이니이다"(사 64:9)라고 하였다. 그는 구원을 갈망하고 있다. "여호와여, 우리를 구원하소서. 주님의 이름을 부를 때, 우리의 죄악을 영원히 기억하지 말아 주소서." 만약 이것이 "여호와여, 우리가 지은 죄로 인해 회개합니다!"라고 단 한 번만 말하는 것이라면, 예언자는 우리가 얼마나 의롭지 못한지, 그리고 주님이 그런 행동에 얼마나 화가 나신 것인지에 대해 길게 서술했을 것이다.

나는 이사야가 주 앞에서 겸허한 자세로 사는 삶의 변화를 기대했다고 생각한다. 또한 성령 안에서 묵상을 통해 우리가 구원을 향해 가는 것이 아니라 그분이 우리로 회개에 합당한 열매를 맺게 해주신다는 것을 깨달았다. 왜냐하면, 구원은 믿음에 의한 것이지 행위에 의한 것이 아니며, 결국 회개의 삶은 그에 합당한 열매를 맺기 때문이다. "그러므로 회개에 합당한 열매를 맺고"(마 3:8). "먼저 다메섹과 예루살렘에 있는 사람과 유대 온 땅과 이방인에게까지 회개하고 하나님께로 돌아와서 회개에 합당한 일을 하라 전하므로"(행 26:20).

주님 앞에서 겸손을 포함한 우리의 의로운 행동들은 우리가 자신의 죄된 행동들에 대해 얼마나 후회하고 죄송해하는지 보여 준다. 그것은 '우리가 구원받았는가?'가 아니라 '우리가 얼마나 변했는가?'의 문제다.

회개와 겸손의 삶

나는 회개와 그에 따르는 겸손한 삶의 자세가 하나님 나라로 들어가는 일차 관문이라고 믿는다. 어떻게 그 관문을 벗어나거나 최소화함으로 하나님 나라를 드러낼 수 있겠는가? 우리는 대부분 구원받은 후 시간이 지날수록 영혼, 마음, 의지, 감정, 육체의 구원이 필요하다는 사실을 간과한다.

구원은 계속되는 과정이다. 우리는 죄의 형벌로부터 구원받았고 (의롭게 됨), 죄의 권세로부터 구원을 받았으며(성화), 죄의 실재로부터 구원받았다(영화). 만일 우리가 스스로 의롭다 하면서 자기만족에 빠져 현실에 안주하게 된다면, 그것은 죄이다. 왜냐하면 우리가 회개의 열매가 선하다는 것을 알면서도, 그것을 행하지 않기 때문이다. 당신과 나는 여전히 의식적·무의식적으로 죄를 짓는다. 우리는 앞장서서 죄된 삶을 살지 않으며, 더 이상 죄의 노예도 아니고, 죄를 짓는 일에 마음을 내어주지도 않는다. 그러나 우리가 완전히 죄 없이 살기 위해서는 아주 작은 흠도 없으신 예수 그리스도께 지속적으로 의지해야 한다는 사실을 부인할 수 없다.

그런데 우리는 주님 앞에서 완전히 의롭기 위해 성령을 의지하지 않고 있다. 이것이 얼마나 잘못된 일인지 아는가? 그럼에도 불구하고 우리는 망가진 삶을 대수롭지 않게 여기며 성령을 경시하는 삶을 산다. 우리는 주님 앞에서 지속적으로 회개와 겸손의 삶을 살아야 한다. 우리가 거듭남으로 지옥불에 떨어질 위험에 처해 있지 않을 수도 있지만, 우리는 분명히 하나님 나라의 의로움에서 오는 기쁨과 평화를 누리지 못하고 있다. 아마 이것에 대해 모두 동의할 것이다. 왜냐하면 어떤 이유로든 우리가 실제로 하나님 나라의 큰 그림을 보지 못하고 있기 때문이다.

그렇다면, 이것은 이 세상에 어떻게 확대되어 표현될까? 그것은 잃어버린 자를 부르시는 영적인 운동 안에 흐르는 기름부음에서 찾을 수 있다.

죄를 지은 후 그것을 깨닫고 눈물로 회개할 수 있다는 것은 그리스도 안에 살고 있다는 증거이다. 죄의 종말을 깨닫는 가운데 기쁨과 생명을 누리는 것이 모순적으로 보이지만, 그것은 사실이다. 우리가 죄로 인하여 운다는 것은 성령님이 우리 안에 계시다는 증거이다.

스바냐 3장에 기록된 신실한 남은 자들에 대해 읽어 보라. 거만한 자들은 제거되고, 온유하고 평범한 백성에게 기쁨이 임한다. 주님은 우리를 의롭게 하시고, 우리에게 기쁨을 주시며, 우리를 크게 기뻐하시고, 평화를 주신다. 그리고 두려움이 사라진다. 나는 스바냐 3장에서 이야기하는 신실한 남은 자들이 되고 싶다. 왜냐하면 다른 사람들, 즉 거만한 자들은 질투하시는 여호와의 화염에 사로잡히기 때문이다. 이것은 참으로 무서운 일이다.

겸손처럼 행복한 것은 없다. 새로운 삶의 기쁨은 겸손과 회개와 깨어짐에서 오며, 하나님 나라의 명백한 증거인 기름부음에 시동을 걸어 치유를 가능하게 한다. 그리스도의 사랑은 우리가 겸손할 때 부어진다. 전능하신 하나님 앞에서 겸손해지는 것은 우리 영혼에 큰 기쁨이다. 그분은 우리를 일으켜 세우신다. 회개는 천국의 길을 열어 준다.

우리가 깨어 있어야 주님의 방문을 놓치지 않는다. 누가복음 19장 42-44절에서 예수님은 다음과 같이 말씀하셨다.

> 이르시되 너도 오늘 평화에 관한 일을 알았더라면 좋을 뻔하였거니와 지금 네 눈에 숨겨졌도다 날이 이를지라 네 원수들이 토둔을 쌓고 너를 둘러 사면으로 가두고 또 너와 및 그 가운데 있는 네 자식들을 땅에 메어치며 돌 하나도 돌 위에 남기지 아니하리니 이는 네가 보살핌 받는 날을 알지 못함을 인함이니라

주님은 우리가 평화에 관한 일을 알지 못한다고 말씀하신다. 이 앞 구절에는 "제자의 온 무리가 자기들이 본 바 모든 능한 일로 인하여 기뻐하며 큰 소리로 하나님을 찬양하여"(눅 19:37)라고 기록되어 있다. 제자들은 주님이 행하신 모든 위대한 업적들을 목도하면서 예수님과 함께 기뻐하며 평강을 누렸다. 예수님은 어떤 일들을 행하셨는가? 표적, 이적, 기사, 치유를 비롯하여 모든 구원을 이루셨다. 이 모든 것이 열린 천국을 나타낸다. 하지만 누가 그것들을 놓쳤을까? 바로 거만하고 종교적인 바리새인들이다.

바리새인들은 예수님을 향해 "찬송하리로다 주의 이름으로 오시는 왕이여"라고 소리치는 군중들의 환호와 찬양을 문제 삼아 예수님께 그들을 책망하라고 요청한다. 그러자 주님은 그들의 요구를 거절하신다. 즉, 문제를 지적하는 사람이 있어도 찬양은 계속되어야 한다고 주장하신다.

예수님은 19장 40절에서 "내가 너희에게 말하노니 만일 이 사람들이 침묵하면 돌들이 소리 지르리라"고 말씀하신다. 요즘 말로 하면 "바리새인들아, 농담하고 있는 거지? 너희는 귀머거리이고 벙어리인가? 저들이 입을 다물면 돌멩이조차 '하나님 나라가 가까이 있습니다'라고 소리칠 것이다"라고 하신 것과 같다. 비유이긴 하지만, 마치 예수님이 "바위가 너희보다 더 똑똑하다"고 하시는 것 같다. 바로 다음 절에서 주님이 예루살렘성을 보며 우셨다고 말하신 것을 보면 그것이 조롱이 아니었음을 알 수 있다.

주님은 예루살렘의 미래를 아시는 메시아로서 눈물을 흘리시며 그의 성품과 사랑을 우리에게 진하게 전하신다. 또한 예수님께서는 성전을 정결케 하셨다. 성전에 들어가신 예수님은 기도하는 집을 강도의 소굴로 만든 자들에게 분노하셨다. 그들은 주제넘고 건방지게 성전을 강도의 소굴로 만들었고, 주님은 그런 그들을 내쫓으셨다.

죄에 대한 무감각은 죄에 대한 부끄러움을 마비시킨다. 대부분의 경우, 우리는 자신이 죄를 지었는지도 모를 때가 많다. 이때 성령께서 우리에게 그것이 죄라는 사실을 알려 주셔야 한다. "너도 알겠지만, 그건 옳지 않았어." 우리는 스스로 참회하는 마음을 갖기 어렵다. 우리가 겸손하게 자신을 성령님께 내어드릴 때, 그분이 우리와 함께 일하신다. 그러나 "스스로 뉘우치기 어렵기 때문에 죄 짓는 것을 멈출 수 없다"고 한다면, 그것은 변명에 불과하다. 왜냐하면 우리에게 필요한 것은 성령께 복종하는 것이고, 그것이 바로 겸손이기 때문이다. 왜 교만이 모든 죄의 근원인지 알겠는가?

이 보배를 질그릇에 가졌으니

회개할 수 있는 유일한 방법은 처음부터 회개의 은사를 믿음으로 받아들이는 것이다. 이 은사는 주님께서 십자가에서 우리를 위해 허락해 주셨다. 일단 그것을 믿음으로 받으면, 성령이 주시는 확신에 의해 행동한다. 그리고 필요하다면, 심지어 징계까지도 하나님이 주신 선물임을 알아야 한다. "주께서 그 사랑하시는 자를 징계하시고 그가 받아들이시는 아들마다 채찍질하심이라 하였으니"(히 12:6).

하나님께서는 우리를 벌하거나 우리에게 고통을 주고 싶지 않으시지만, (그리스도의 책망을 넘어) 우리를 주목하여 훈계하시고 재갈과 굴레로 단속하신다. "내가 네 갈 길을 가르쳐 보이고 너를 주목하여 훈계하리로다 너희는 무지한 말이나 노새 같이 되지 말지어다 그것들은 재갈과 굴레로 단속하지 아니하면 너희에게 가까이 가지 아니하리로다"(시 32:8-9).

구원을 경험한 후에라도 우리가 자기 힘에 의존하여 스스로 의로워지려고 한다면, 쉽게 자기를 기만하게 된다. 그건 교만일 뿐 그 이상의 아무것도 아니다. 우리는 자기연민으로 하나님을 비난하고, 다른 사람에게 책임을 전가하며, 학대하는 관계로 들어가고, 무엇을 어찌해야 할지 몰라 당황하기도 한다. 그러나 오직 당신만이 당신의 죄에 대해 책임이 있다. 만약 당신이 경건의 모양을 주장한다면, 하나님께나 다른 사람에게 책임을 전가하려고 헛수고하는 것 외에 아무것도 남지 않을 것이다. "아담이 이르되 하나님이 주셔서 나와 함께 있게 하신 여자 그가 그 나무 열매를 내게 주므로 내가 먹었나이다"(창 3:12).

천국의 의는 기쁨과 평화를 낳는다. 이 왕국에서는 그리스도께서 통제하는 것이 아니라 해방을 주신다. 기름부음은 억압의 굴레를 깨부수고, 사람들을 죄에서 해방하며, 하나님의 자녀로서 자유를 누리게 한다. 여기에 '거만한 외모'와 '교만한 마음'을 가진 사람에게 어떤 일이 일어나는지에 대해 다루는 또 다른 성경구절이 있다(이사야 10장의 하나님의 도구인 앗수르에 대한 말씀을 참조하라).

요점으로 돌아가서, 기름부음은 하나님 나라의 해방이다. 그 나라는 의로움, 즉 평화와 사랑의 열매를 맺는 것에서 오며, 의로움은 겸손에서 나온다. 겸손은 예수님이 이 땅에서 사역하실 때의 주된 성품이었다. "나는 마음이 온유하고 겸손하니 나의 멍에를 메고 내게 배우라 그리하면 너희 마음이 쉼을 얻으리니"(마 11:29). 예수님이 온유하고 겸손하시다고 하는데, 여기서 '온유'는 나약함이 아닌 '겸손하고, 온화하고, 온순하며, 느긋하고, 겸허하다'는 의미이다.

예수님께서는 "먼저 네 눈 속에서 들보를 빼어라 그 후에야 밝히 보고 형제의 눈 속에서 티를 빼리라"(마 7:5)고 말씀하셨다. 어떤 사람이 스스로 겸손하다고 말하는 것은 그가 교만하다는 것을 보여 준다. 우리 가운데 어느 누구도 완벽하지 않다. 우리는 주님이 완전한 충만함 가운데 보여 주신 온유함과 겸손함을 배워야 한다. 나는 기름부음이 더 많이 방출되는 가장 큰 영적 원리 중 하나가 바로 우리의 겸손과 긍휼함이라고 생각한다. 또한 이것이 기름부음과 직접적으로 연관되어 있다고 확신한다.

우리는 천국의 보물을 담도록 지음 받은 질그릇일 뿐이다. "우리가 이 보배를 질그릇에 가졌으니 이는 심히 큰 능력은 하나님께 있고 우리에게 있지 아니함을 알게 하려 함이라"(고후 4:7). 우리는 쓰임 받기 위해 부름 받은 종임을 결코 잊어서는 안 된다. 우리의 일은 성도들의 발을 씻는 것이지, 그들을 다른 길로 인도하는 것이 아니다. 예수님은 "누구든지 이 어린 아이와 같이 자기를 낮추는 사람이 천국에서 큰 자니라"(마 18:4)고 하셨다. 그러므로 가장 크고 위대한 것은 가장 작은 것이고, 가장 작은 것이 가장 크고 위대한 것이다. '가장 크고 위대한 가장 작은 것'에 대한 하나님 나라의 본질은 인간의 생각과 정반대이다.

> 또 그들 사이에 그 중 누가 크냐 하는 다툼이 난지라 예수께서 이르시되 이방인의 임금들은 그들을 주관하며 그 집권자들은 은인이라 칭함을 받으나 너희는 그렇지 않을지니 너희 중에 큰 자는 젊은 자와 같고 다스리는 자는 섬기는 자와 같을지니라 앉아서 먹는 자가 크냐 섬기는 자가 크냐 앉아서 먹는 자가 아니냐 그러나 나는 섬기는 자로 너희 중에 있노라 너희는 나의 모든 시험 중에 항상 나와 함께 한 자들인즉 내 아버지께서 나라를 내게 맡기신 것 같이 나도 너희에게 맡겨 너희로 내 나라에 있어 내 상에서 먹고 마시며 또는 보좌에 앉아 이스라엘 열두 지파를 다스리게 하려 하노라 (눅 22:24-30)

이것은 예수님의 말씀이다. 그러므로 우리는 이 말씀에 매우 세심하게 주의를 기울여야 한다. 이 말씀에 동의하는가? 주님께서 누구에게 그의 나라를 주시겠는가? 한 시간 동안만 믿음과 능력을 소유한 사람인가? 아니면 다른 사람을 섬기는 사람인가?

주님께서 나에게 나누어 주신 가장 강력한 계시 중 하나는 겸손과 깨어짐의 중요성이다. 그래서 나는 사역하기 위하여 강대상에 올라갈 때마다 섬기는 리더가 되기 위해 노력한다. 하지만, 나 역시 노력하지만 성취하지는 못하고 있으며, 이 부분에 대해 다른 사람들을 비난하지도 않는다. 나는 단지 일반적인 것을 말하고 있을 뿐이다. 특히 사역자들은 자신의 마음을 활짝 열어 보고, 필요하다면 회개와 겸손과 온유함의 부족에 대해 회개해야 한다.

우리는 자신이 '기름부음의 능력을 가졌고, 사람들이 필요로 하는 답을 가진 아주 잘 나가는 사람'이라는 잘못된 생각에서 벗어나야 한다. 그것은 그리스도께서 우리를 통해 그리고 우리와 어우러져서 부어 주시는 기름부음의 진실한 흐름을 방해한다.

그리스도 안에서 건강한 자긍심과 자존감을 갖는 것에는 아무런 문제가 없다. 우리는 하나님의 아들과 딸이다. 나는 그 아들과 딸이 그리스도가 이 땅에서 하신 것처럼 행동해야 한다고 믿는다. 힘없이 쓰러지거나 싱거운 사람이 되지 않고, 일상적인 삶에서 극도로 겸손하고 온유하게 행동하는 것이다.

부디 우리 모두 포도주가 익듯 연륜이 쌓여 부드러워지기를 바란다. 까다롭게 굴지도 말고, 거칠고 냉정하게 행동하지 말며, 여유로워야 한다. 나는 공항에서 선글라스에 트렌치코트를 입고 마치 누가 보기라도 하는 듯 행동하는, 한마디로 자신이 대단히 중요한 사람인 양 행동하는 사역자들을 만난 적이 있다. 문제는 그들이 그동안 사람들의 영혼을 흔들어서 깨우려고 했으나 결코 그렇게 하지 못했다는 점이다.

강력한 기름부음과 하나님의 위대한 부르심을 받은 사역자들을 통해 놀라운 기적을 보지만, 당신이 그들 곁에 함께 있는 것은 어렵다. 왜냐하면 그들이 접근하기 어려울 정도로 냉담하기 때문이다. 심지어 자신을 찾아온 사람들을 매몰차게 거부하거나 경멸하는 사역자들도 있다.

온유함의 반대는 접근하거나 말하기 어렵고 질문하기 어려운 것이며, 그것은 겸손하지 못하다는 뜻이다. 또한 영혼에서 일어나는 일을 인식하지 못하는 둔감함이다. 온유함의 감정들은 민감하고 과민하여 옷깃에 전달되기도 한다. 온유함의 반대는 동료 형제자매들과 어울리거나 협력하지 않는 것이다. 사랑 안에서 교정되는 것이 불가능하고, 다른 사람에게 인정받지 못하며, 사역이 필요한 사람들 앞에서 투명하지 못한 것이다. 성령의 열매는 사랑과 희락과 화평과 오래 참음과 자비와 양선과 충성과 온유와 절제이다. 여기에는 다른 사람에게 잘난 체하는 성향이나 기질은 전혀 없다.

나는 주님께서 우리를 사용하시는 것과 사람들이 우리를 그들의 교회로 초청하는 것에 감사해야 한다고 생각한다. 우리는 무슨 일이 있어도 절대 자신의 유익을 취해서는 안 되는 주님의 종이다. 만약 주께서 우리 중 누구라도 그의 은혜와 영광을 부으시는 통로로 사용하기로 결정하신다면, 그것은 전적으로 주님의 뜻에 의한 것이다.

천국의 희락과 화평, 오래 참음과 자비, 양선, 충성, 온유와 절제, 이 모든 것은 하나의 열매로, 성령의 은사와 표적, 이적, 기사들을 뛰어 넘지 못하더라도 그 이상으로 높이 평가되어야 한다. 그것이 바로 하나님 나라의 부이자, 천국의 화폐이기 때문이다.

우리는 사역자이고, 사람들을 섬기기 위해 존재한다. '사역자'minister라는 단어는 '간호사, 간병, 돌봄, 보살핌, 기다림, 봉사, 편안함'과 동의어이다. 그것은 '애지중지함'을 의미하는 것이 아니다. 그것은 우리 자신보다 그들을 더 귀히 여기는 것을 의미한다. 그런 종류의 사역을 반영하기 위해서는 깨어짐과 부서짐, 거룩한 후회로 가득한 마음이 필요하다. 그렇지 않으면 그들을 설득할 수 없다. 천국보다 더 큰 표현이 바로 겸손함 가운데 있음을 기억하라.

예수님이 사역하신 것처럼 사역하고, 하나님께 칭찬받는 사역을 하기 위해서는 깨어짐이 요구된다. 당신은 바위에 넘어져서 부서질 수도 있고, 바위가 당신 위에 떨어질 수도 있다. "그러므로 내가 너희에게 이르노니 하나님의 나라를 너희는 빼앗기고 그 나라의 열매 맺는 백성이 받으리라 이 돌 위에 떨어지는 자는 깨지겠고 이 돌이 사람 위에 떨어지면 그를 가루로 만들어 흩으리라 하시니"(마 21:43-46). 당신은 어느 쪽인가? 어느 쪽이든, 당신은 깨어질 것이다. 그것은 결코 나쁜 일이 아니다!

5. 성령의 깨뜨리심

　　오늘날 교회 안에 강렬하면서도 자유분방한 영적 현상을 추구하는 흐름이 있다. 그들은 자신들의 계획과 의지로 영광스러운 경험을 만들기 위해 노력한다. 엄밀한 의미에서 그것은 잘못되거나 악한 것은 아니다. 나는 우리가 열정적으로 하나님의 일을 감당해야 한다고 생각한다. 그렇지 않으면 안주하기 쉽기 때문이다. 나는 이런 영광을 어떻게 경험할 수 있는지, 어떻게 초자연적인 역사가 성장하고 활성화되는지에 대해 나름의 견해를 가지고 있다.

　　우리는 표적과 이적을 추구하는 대신 주님과의 사랑의 관계를 추구해야 한다. 주님을 기다리며 그분이 우리를 통해 역사하시게 해야 하며, 우리의 교만이 깨어지고 겸손해지도록 성령님께 우리 자신을 내어드려야 한다고 믿는다. 이렇게 해서 기적이 일어나기 좋은 분위기를 인위적으로 만드는 대신, 주님이 원하시는 대로 성령이 강권적으로 역사하시도록 맡겨 드려야 한다. 우리는 주님 앞에 침묵하며 믿음으로 겸손하게 기다려야 한다.

그것은 은밀한 곳에서 잠잠히 주님을 경외함으로 그분을 만나는 것을 의미한다. 주님과의 가장 친밀하고 위대한 만남은 우리의 공로에 의해서가 아니라 우리가 무언가를 경험해야 한다는 인위적인 기대 없이 오직 그분만을 예배할 때, 마치 오케스트라의 미세한 조정과 같이 성령의 임하심으로 시작된다.

프리다 린세이는 1950년대 그녀의 남편이 이끌었던 '보이스 오브 힐링' Voice of Healing 사역으로 '열방의 그리스도 선교회'를 설립한 기독교 치유운동의 핵심적인 인물이다. 한번은 그녀와 식사를 함께할 기회가 있었는데, 그녀가 반세기 넘게 알고 지내온 여러 유명한 치유 사역자들에 대한 이야기를 들을 수 있었다.

그녀는 그들에게 다음과 같이 물었다고 한다. "주님의 치유사역을 목도하기 위한 가장 큰 열쇠는 무엇이라고 생각합니까?" 하나님의 위대한 종들은 예외 없이 "바로 침묵입니다"라고 대답하였다. 주님 앞에서 조용히 기다리면, 주님이 침묵을 통해 일하신다는 것이다. 다른 방법이 아닌 침묵 속에서 강력하고 놀라운 치유의 기적들이 일어난다는 것이다. 사도행전에서 베드로는 힘을 다하여 말씀을 선포하였고, 성령님은 그 사역을 통하여 백성들 가운데 임하셨다. 거기에는 그러한 움직임을 자극하는 사전 연습 같은 것은 없었다. 오히려 인위적인 노력이 일을 그르친다.

얼마 전 유튜브에서 성령의 역사를 나타내기 위해 무언가를 시도하는 사람들의 동영상을 보았는데, 매우 당혹스러운 광경이었다. 그것은 진정한 역사로 보이지 않았다. 나는 그것이 육체를 자극하는 일종의 카타르시스에 불과하다고 생각한다. 물론 카타르시스를 통해 마음을 정화시키는 것이 잘못되었다는 말은 아니다. 엄밀히 말하자면, 하나님의 역사에 카타르시스적인 요소가 있을 수 있다. 그런 경험들은 우리의 시선을 끄는 강한 영향력을 의미할 수 있으며, 실제로 우리 삶에 적지 않은 영향을 준다. 그러나 우리가 그런 경험을 하고도 온전히 치유되지 않거나 능력이 나타나지 않거나 변화되지 않는다면, 하나님의 방문을 경험했다고 말하기는 어려울 것이다.

나는 표적과 기사와 이적이 다른 방법이 아닌 기쁨과 열정의 사역으로 이끄는 전능하신 하나님과의 만남에서 온다고 믿는다. 기적은 그 자체로 축제 아닌가! 하나님 외에 다른 길은 없다.

나는 종종 교회가 성령님이 역사하실 수 있는 환경을 만들기 위해 열정적인 분위기나 기대감, 때로는 매우 광적인 분위기를 고조시키려고 애쓰는 것을 본다. 만약 그것을 주님께서 오케스트라를 조정하시듯 하신다면 잘못된 것은 아니다. 그러나 대부분의 경우, 성령님의 사역은 그러한 움직임 안에서 제한될 수 있으며, 사람들은 주님의 역사에서 멀어지거나 더 혼란스런 상태에 놓이게 될 가능성이 높다. "찬양과 예배는 너무 좋았는데, 어째서 마르다는 치유되지 않은 거죠?"와 같은 반응이 나타나는 것이다.

사람들이 치유되지 않는다면, 금가루가 무슨 소용인가? 우리가 바라는 것은 강단 앞에서 휘몰아치는 초자연적인 경이로움 속에서 단지 구름 한 점만을 보는 것이 아니다. 이러한 이벤트는 하나님이 존재하신다는 사실을 증명하지 못한다.

나는 주님에 대한 개인적인 경험을 무시하거나 비난하지 않는다. 이 부분을 분명히 해두고 싶다. 나는 모든 초자연적 현상에 대하여 성경의 구절들을 들이대며 검증하려고 하는 까다로운 사람이 아니다. 다만 성경의 전체 맥락과 맞아야 하고, 초자연적인 현상에 대해서도 분별이 필요하다. 분별력이 없다면, 엉뚱한 현상들을 가지고 하나님의 역사라고 말하게 될 것이다. 안타깝게도 오늘날 교회 안에서 영분별의 중요성이 많이 간과되고 있다.

그러면 어떻게 하나님의 영을 정확하게 분별할 수 있을까? 그것은 바로 고요함, 평화, 겸손, 성령의 깨뜨리심 가운데 주님을 기다리는 것에서 시작한다. 나는 천국의 허다한 증인들이 찾고 있는 일순위가 겸손한 사람이라고 믿는다. 물론 그들이 가장 찾기 어려운 사람도 겸손한 사람이다. 그것은 단지 겸손함만이 아니라 깨어지는 것이다.

우리는 겉으로는 경건하게 보이지만, 속으로는 교만할 수 있다. 겸손함의 진정한 의미는 깨어지고 부서지는 데 있다. 그러나 이것은 그리스도인들에게 인기 있는 주제는 아니다. 왜냐하면 그 과정은 사실 교만이 일어나고 주장하는 육신의 삶에 극도로 불편한 것이기 때문이다. 그것은 매우 고통스러울 수 있다. 하지만 우리를 통해 하나님의 강력한 임재가 풀어져 드러나기 위해 깨어짐은 반드시 필요하다.

다음 몇 페이지는 좀 읽기 어려울 수 있지만, 그 보상은 참으로 놀라울 것이라 확신한다. 일단 주님께서 우리에게 어떻게 일하시는지와 그 이유를 이해하게 되면, 우리는 파노라마를 경험하는 것이 무엇을 의미하는지 깨닫고, 하나님의 은혜로 그분이 기뻐하시는 삶을 살 수 있다.

깨어짐의 법칙

그리스도인으로서 우리는 그리스도의 생명과 능력을 드러내는 통로가 되어야 한다. 하나님은 성령이 인간의 영혼에 머무르게 하셨고, 우리의 몸과 영혼이 성령에 지배받게 하셨다. 그런데 우리의 마음, 의지, 감정에서는 전쟁이 벌어지고 있다. 왜냐하면 육신의 생각은 하나님과 원수가 되기 때문이다. "육신의 생각은 하나님과 원수가 되나니 이는 하나님의 법에 굴복하지 아니할 뿐 아니라 할 수도 없음이라"(롬 8:7).

그리스도의 기름부음이 흘러가는 순수한 그릇이 되기 위해 우리는 주님에 의해 깨어지고 고쳐져야 한다. 이것은 우리의 영혼을 멸하라는 것이 아니다. 깨어진 영혼은 성령 안에서 회복되고 그분과 연합해야 한다.

이것은 하나의 과정이자 삶의 방식이지, 일회적인 사건이 아니다. 성경은 "너희의 인내로 너희 영혼을 얻으리라"(눅 21:19)고 말한다. 인내는 한순간에 일어나지 않는다. 하나님께서는 사람에 따라 깨어지는 시간을 늘리거나 점진적으로 변화시키신다. 상황에 따라 우리의 완악함과 교만 때문에 깨어짐의 시간이 연장될 수도 있다. 단번에 변화를 가져오는 지름길은 없다. 이와 관련된 성경의 좋은 예가 창세기 32장에 나온다. 하나님과 씨름하는 사건을 통해 야곱은 깨어지는 복을 받았고, 결국 절뚝거리며 걸어 나갔다.

깨어짐 없이 우리는 결코 하나님의 말씀을 이해할 수 없고, 그의 영광의 표현으로 사람들과 연합하여 사역하는 완전한 순종의 자리에 설 수 없다. 더 나아가 깨어짐 없이는 주께서 무엇을 원하시는지와 사람들이 처한 문제의 원인과 동기를 분별하는 데 방해를 받는다. 우리는 모호해지거나 초점을 잃기 쉽다. 우리가 아무리 간절하거나 올바르게 행동해도 영혼의 깨어짐이 없다면, 결국 한계에 부딪히고 만다.

> 예수께서 대답하여 이르시되 인자가 영광을 얻을 때가 왔도다 내가 진실로 진실로 너희에게 이르노니 한 알의 밀이 땅에 떨어져 죽지 아니하면 한 알 그대로 있고 죽으면 많은 열매를 맺느니라 자기의 생명을 사랑하는 자는 잃어버릴 것이요 이 세상에서 자기의 생명을 미워하는 자는 영생하도록 보전하리라 사람이 나를 섬기려면 나를 따르라 나 있는 곳에 나를 섬기는 자도 거기 있으리니 사람이 나를 섬기면 내 아버지께서 그를 귀히 여기시리라 (요 12:23-26)

예수님은 죽음 없이 생명으로 돌아갈 수 없다고 말씀하셨다. 한

알의 밀알이 땅에 떨어져 죽지 않는 한 많은 열매를 맺을 수 없다. 인자는 영광을 받으셨지만, 먼저 그의 죽음이 필요하였다. 우리도 그리스도와 함께 죽어야 한다. 그렇지 않은가? 그것은 어떠한 죽음인가? 육체적 죽음을 말하는 것인가?

헬라어에서 생명이라는 단어는 영혼을 뜻하는 '사이키'psyche이다. 성령으로 우리 영혼이 생명을 얻고, 그리스도의 영광으로 많은 열매와 가치 있는 행동을 만들어 내는 것은 영혼의 죽음, 곧 성령의 깨뜨리심을 통해서이다. 사도 바울이 "이는 너희가 죽었고 너희 생명이 그리스도와 함께 하나님 안에 감추어졌음이라"(골 3:3), "나는 날마다 죽노라"(고전 15:31)고 고백한 것을 기억하기 바란다.

하나님께서 사랑하는 자를 훈계하시는 유일한 이유는 이를 통하여 단절된 주님과 우리 사이를 만지시고, 주님의 영을 우리 영에 부으시기 위함이다. "주께서 그 사랑하시는 자를 징계하시고 그가 받아들이시는 아들마다 채찍질하심이라 하였으니"(히 12:6) "무릇 내가 사랑하는 자를 책망하여 징계하노니 그러므로 네가 열심을 내라 회개하라"(계 3:19). 우리는 이 보배를 질그릇에 담았다고 말하지만, 우리가 그릇을 깨뜨리지 않으면 어떻게 그 보배가 흘러나올 수 있는지 생각해 보아야 한다.

성령께서는 우리가 구원을 받자마자, 심지어 그전부터 우리를 깨뜨리는 작업을 시작하신다. 그것은 한 사람이 하나님께 나올 때, 그리고 그분 안에서 성장하고 그분의 말씀에 더 많이 순종하기 위해 매우 중요한 원칙이다. 깨어짐의 과정은 우리 삶의 모든 면에 영향을 준다.

구원받은 사람들 대부분이 삶 가운데 주님께 내려놓지 못한 영역들이 있을 것이다. 그래서 갈등이 일어나는 것이다. 깨어짐 없이 하나님의 사역을 감당할 수 있는가? 안타깝게도 많은 사람들이 그렇게 하는 듯하다. 그러나 그것은 하나님이 기뻐하시는 사역이 아니다.

사역은 창조적인 정신 혹은 순수한 의지, 폭발적인 감정이나 알 수 없는 힘에 의해 움직인다. 우리는 위대한 창조적 잠재력을 지닌 하나님의 형상으로 창조되었다. 창조적인 존재가 되는 것이 잘못된 일은 아니다. 다만 그리스도의 사역에서 주님께 순복하는 것을 전제로 해야 한다.

> 그런즉 너희 조상들 같이 목을 곧게 하지 말고 여호와께 돌아와 영원히 거룩하게 하신 전에 들어가서 너희 하나님 여호와를 섬겨 그의 진노가 너희에게서 떠나게 하라 (대하 30:8)

주님께 순복하지 않은 상태에서 성령의 역사를 기대하지 말라. 주님과 동떨어진 상태에서 행해지는 사역은 성령의 역사를 방해하고 절반의 성취를 거둔다. 그리고 오랜 세월이 흐른 후, (마치 내가 겪은 부신피로 증후군처럼) 우리의 감정, 의지, 활력이 소진된다. 마침내 우리는 "이는 힘으로 되지 아니하며 능력으로 되지 아니하고 오직 나의 영으로 되느니라"(슥 4:6)는 말씀을 깨닫게 된다. 우리는 육신을 따르지 말고, 성령을 따라 행해야 한다(롬 8:4).

성령을 따라 주님과 동행한다고 해서 우리의 의지가 부정되는 것은 아니다. 하나님이 직접 일하시지 않고 우리의 영혼과 육체를 통해 일하기로 하셨다는 사실은 매우 흥미롭다. 성령님의 동행이 없다면 우리는 깨어지지 않을 것이며, 주님을 향하여 목을 곧게 세우고 뻣뻣한 자세로 있을 것이다.

하나님은 우리의 의지적인 장벽을 깨뜨리기 위해 시험과 시련, 고통 등을 사용하신다. 나는 이러한 아픔이나 질병으로 우리가 하나님 앞에 낮아지고, 깨어짐을 통해 영적 성숙을 경험하게 되리라 믿는다. 그러나 이것은 깨어짐을 위해 하나님께서 일부러 아픔이나 질병을 주신다는 의미는 아니다.

치유사역의 본질은 신체적인 질병이나 영혼의 병을 제거하는 것이다. 우리의 싸움은 우리의 생각과 감정 안에 있다. 그것은 우리의 몸과 영혼을 파괴하려는 적과의 싸움이다. 하나님께서는 그분의 인도와 강한 능력 없이는 아무것도 할 수 없음을 깨닫게 되는 환경을 허락하신다. "주님, 이제 어디로 가야 합니까? 저는 전혀 모르겠습니다. 제가 알 것이라고 가정조차 하지 않겠습니다."

우리는 자기애나 선입견을 버린 채, 단지 그분만을 바라본다. 절뚝거리며 은밀한 장소로 들어가 조용히 그분을 기다린다. 이제 주님은 이전보다 더 강력하게 우리를 사용하실 수 있다.

핵심은 깨어짐의 법칙에 있다. 우리는 이에 대한 하나님의 뜻을 바꿀 수 없다. 이제 스스로 해내고자 하는 노력을 모두 포기하라. 의심하는 자들도 더 늦기 전에 우리를 깨뜨리시는 성령님 앞에 나아오라. 성령님은 우리를 위해 언제까지 일하시는가? 우리가 그분 앞에 완전히 깨어지기까지 일하신다!

분별하라

우리에게는 분별력이 필요하다. 늘 분별할 수 있어야 한다. 즉, 이것이 주님의 훈계인지, 아니면 원수의 공격인지 분별해야 한다. 말기 암에 걸린 사람들이 모두 하나님 아버지로부터 사랑의 훈계를 받고 있는 것은 아니다. 다른 측면에서 보면, 그것이 (항상 그런 것은 아니지만) 성령의 깨뜨심을 벗어난 결과일 수도 있다.

만약 돈이 없어서 아이들을 먹일 음식을 살 수 없다면, 그것은 하나님의 뜻이 아니다. 주님은 재정적인 압박을 받는 사람들, 생계를 유지하기 위해 끊임없이 주님께 의지하는 상태에 있는 사람들에게 종종 강력하게 역사하신다. 그들의 믿음이 견고하게 하게 되어 하나님을 더욱 기대하게 하시는 것이다. 극단적이고 호화스러운 안락함은 우리의 영혼을 통한 생명의 흐름에 결정적인 방해가 될 수 있다. 그렇다고 이 땅의 삶 가운데 보살핌을 받지 말라는 것도 아니며, 형통한 삶을 살지 말라는 것도 아니다. 오해하지 말라.

주님은 우리를 깨뜨리시기 위해 매일의 삶 가운데 전쟁을 허락하신다. 만약 당신이 삶의 특정 부분에서 압력을 받고 있다면, 오히려 기뻐하라. 우리는 종종 삶의 모든 불편함을 원수의 공격으로 여기고 하나님의 손이 점점 사라진다고 생각한다. 이런 어려움과 깨어짐이

형통과 축복과 기름부음의 열쇠임을 깨닫지 못한 채, 주님께 이것들을 거두어 달라고 간절히 기도한다. 그러나 이제 그런 기도를 멈추라!

당신은 하나님께 칭찬받는 삶에 분별력이 얼마나 중요한지, 동시에 그것이 우리에게 얼마나 결핍되어 있는지 배우게 될 것이다. 사역을 통해 어떤 방식으로 하나님을 섬기기 원하든, 분별하는 능력은 우리의 수준을 드러낸다. 우리가 어려움에 처한 사람을 어떻게 이해하고 인식하는가는 문제의 근본 원인, 즉 사람들 스스로도 알지 못하는 드러나지 않은 문제를 영적으로 지각하는 수준과 직접적인 관련이 있다.

그 무엇보다 분별을 방해하는 것은 바로 깨어지지 않은 영혼이다. 거만한 마음과 자기중심적인 감정으로 인해 분별은 모호해진다.

성령의 훈련

하나님께서는 인간을 통해 일하기로 결정하심으로 그분의 무한한 능력을 제한하셨다. 주님의 무한한 은총과 지혜로 그분의 가장 위대한 창조물인 인간을 거룩하게 하시고, 구원의 도구로 사용하기로 선택하셨다. 이것은 참으로 멋진 계획이다. 그분이 왜 이런 방식을 선택하셨는지 완전히 이해하지는 못하지만, 이것은 분명한 진리이다.

만일 하나님이 사람(그리스도 예수님)을 통해 자신을 나타내기로 결심하지 않으셨다면, 우리는 그의 영이신 성령에 의한 깨어짐을 경험할 수 없었을 것이다. 이것은 우리에게 반드시 필요한 것이며, 우리가 마땅히 최고의 관심을 보여야 하는 것이다. 성령이 깨뜨리시고 새롭게 하시도록 허용해 드리는 그리스도의 신부로서, 우리에게는 선택의 여지가 없다. 하나님은 세상에 자신을 나타내시는 통로로 우리를 부르셨다. 만약 우리가 그분을 나타내는 능력을 발휘하지 못한다면, 그것은 분명 성령의 깨뜨리심에 저항하는 우리의 완고함 때문이다.

나는 이것이 교회가 이해해야 하는 가장 중요한 개념인 '성령의 훈련'이라고 믿는다. 또한 이것은 가장 언급이 되지 않는 개념 중 하나이다. 왜냐하면 인기가 없기 때문이다. 우리의 영혼이 성령으로 깨어지는 것은 단순히 우리에게 유익이 될 뿐 아니라, 그러한 깨어짐을 통해 더 큰 역사가 가능해진다. 이것이 성령이 우리의 마음, 의지, 감정을 깨뜨리심으로써 우리로 주님과 함께 이 고통스러운 세계로 담대히 나아가게 하시는 이유다.

우리는 징계받는 것을 좋아하지 않는다. 왜냐하면 그것이 우리의 육신적인 기질에 완전히 반하는 것이기 때문이다. 사실 그것은 매우 불편한 일이다. 그러나 성령이 우리를 깨뜨리실 때, 다시 만져 주심으로 우리를 통해 다른 사람에게 쏟아부을 수 있게 하신다. 우리가 주목해야 할 것은 우리 삶의 외면을 깨기 위해 우리에게 불리하게 다가오는 외적인 상황만큼 영이 깨어지는 것이 그리 대단한 일이 아니라는 것이다. 왜냐하면 주님께서 우리의 마음, 의지, 감정을 다루시기 때문이다.

주님은 그분의 역사의 흐름을 방해하는 이러한 요소들을 단속하기 위해 외적인 수단을 사용하신다. 우리 일상에 깨어짐을 가져오시는 성령께서는 우리의 영혼과 육체를 벗어나 일하실 수 있다. 우리가 직면하는 어려움과 환경 안에서 말이다(단순한 감정적인 결심과 정신적인 결단만이 아니다).

좋은 소식은 이런 어려움과 시련, 고통, 깨어짐들이 우연히 일어나는 일이 아니라는 것이다. 그것들은 우리의 유익을 위해, 그리고 궁극적으로 우리가 사역하는 사람들의 유익을 위해 주님에 의해 다루어지고 사용된다. 그것은 우연히 일어난 것도 아니고, 하나님의 무관심 때문도 아니다. 우리는 이러한 갈등에 직면해 있다. 왜냐하면 우리가 아는 것보다 우리를 더 잘 아시는 하나님께서 우리의 깨어짐을 가능케 할 완벽한 어려움과 시련들을 우리에게 허락하시기 때문이다.

우리는 종종 우리가 직면한 고난 뒤에서 일하시는 하나님을 보지 못한다. 우리는 고난에 대해 다른 사람들을 탓하기 쉽고, 심지어 하나님을 비난하기도 한다. 만약 우리가 계속적으로 우리에게 주어진 깨어짐의 질서에 따라 순종한다면, 이 과정은 훨씬 더 원활하게 진행될 것이다.

하나님은 짧게 일하시다가 멈추지 않으실 것이다. 그분은 우리를 다루시는 데 있어서 철저하고 완벽하게 일하실 것이다. 그분께 완전히 항복하는 지점까지 우리를 이끌고 가실 것이다. 그 무엇도 그분의 정제하심과 신중한 판단을 피할 수 없다. 우리가 관심을 기울이지 않는 순간에도 말이다.

모두가 성령의 깨뜨리심의 대상이다. 우리의 의지를 온전히 소유하시는 것이 그분의 최종 목표이다. 그것이 문제의 근원이기 때문에 마음과 감정에 영향을 미친다. 성령의 깨뜨리심은 하나님이 망설이거나 회피하지 않으시는 매우 구체적인 과정이다. 우리가 이것을 깨닫고 그분께 순복할수록 우리 삶은 빠르게 회복되기 시작한다.

우리의 영혼을 나무 위에 못 박아 매일 그리스도와 함께 죽는 십자가의 공로를 이해하는 것은 양면적인 개념이 아니며, 도달할 수 없는 이론도 아니다. 그것은 주님과 연합하는 실제적인 측면이다. 오직 깨어짐을 통해서만 진정한 은혜의 사역이 성립될 수 있다. 우리는 성령의 깨뜨리심을 통해 예수님의 모습으로 성화되고, 불평과 후회, 교만함 없이 하나님 아버지의 다루심에 복종하여 깨어지고 겸손하게 되어 그분의 옷을 입게 된다. 이러한 것들은 단순히 말씀과 기도로 이루어지지 않는다.

영과 혼의 분리

영과 혼 사이에는 명백한 구분이 존재한다. 그런데 우리가 사람들을 대상으로 사역할 때, 자주 이 두 가지가 섞인다. 이러한 섞임은 치유사역을 가능하게 하는 영의 순결을 방해한다. 우리 삶에 부족한 것은 능력이 아니라 순결이다. 순수하고 깨어진 영은 강력하고 폭발적인 혼보다 훨씬 더 깊게 사람들의 삶을 터치한다. 나는 강단 뒤에서 요란하고 과장된 혼적인 표현보다 겸손과 온유함 가운데 부드럽게 속삭이는 영을 찾는다. 사역은 조용하고, 깊이 있고, 지속적이다. 그렇다고 해서 건조하거나 지루하다는 뜻은 아니다. 때로는 대담하고 거리낌 없이 말하는 것도 좋다. 우리는 자유롭게 즐길 수 있고, 기름부음의 흐름 속에서 안식할 수 있다.

사역은 즐거워야 한다. 스스로 고통스럽게 하지 말고 기쁘게 해야 한다. 그것은 성령 안에서 풀어지는 충만함이요, 힘이요, 활력이다. 그런데 나는 종종 우리가 거꾸로 이해하고 있음을 발견한다. 어떻게 해서든지 하나님이 움직이실 수 있는 분위기를 만들기 위해 자신을 영적인 광란에 빠뜨리는 것이다. 그러나 우리는 한 발짝 물러서서 기대와 평온함 가운데 주님을 기다려야 한다. 그것이 영과 혼의 분리이다. 이 분리는 우리가 성령의 깨뜨리심에 순복할 때 일어난다.

사역을 위해 혼과 영을 통합하는 것은 반쪽의 진리이자 불순한 혼합물이며, 하나님의 능력을 뒤죽박죽으로 만드는 혼동된 상태이다. 그것은 기름부음의 흐름인 '조에'^{zoe}(하나님의 생명을 받은 우리가 거듭남을 통해 하나님과 유기적인 생명의 관계를 갖게 되는 것)의 순수성을 더럽히는 일이며, 인간의 육체를 하나님의 능력과 대등하게 여기는 것이다. 이것은 참으로 슬픈 일이다.

모든 사람이 사역으로 이어지는 순전한 성령을 갈망한다. 이를 위해 육체가 반드시 십자가에 못 박혀야 하며, 이는 성령의 깨뜨리심에서 비롯된다. 이제, 하나님께서 우리에게 깨어짐을 허락하시는 것이 얼마나 중요한지 알겠는가? 출애굽기 30장 32절을 기억하라. "사람의 몸에 붓지 말며 이 방법대로 이와 같은 것을 만들지 말라 이는 거룩하니 너희는 거룩히 여기라." 기름부음은 사람의 육체에 부을 수 없다. 영혼을 드러내려면, 육체는 벗겨져야만 한다. 영적으로만 아니라 육적으로도 반드시 정결을 유지해야 한다.

> 그들이 안뜰 문에 들어올 때에나 안뜰 문과 성전 안에서 수종들 때에는 양털 옷을 입지 말고 가는 베 옷을 입을 것이니 가는 베 관을 머리에 쓰며 가는 베 바지를 입고 땀이 나게 하는 것으로 허리를 동이지 말 것이며 (겔 44:17-18)

위의 본문에서 땀은 육체의 일을 나타내며, 이는 주님께 악취를 풍긴다.

"하나님의 말씀은 살아 있고 활력이 있어 좌우에 날선 어떤 검보다도 예리하여 혼과 영과 및 관절과 골수를 찔러 쪼개기까지 하며 또 마음의 생각과 뜻을 판단하나니"(히 4:12). 살아 있고 활력이 있는 하나님의 말씀이 뼈를 쪼개고 영혼의 근육을 잘라낼 때, 영the spirit은 육체의 방해로부터 분리된다. 그리고 생각이 드러나게 되며, 우리의 의도를 몰아가는 감정과 의지도 드러난다. 그리고 나서야 어떤 것이 주님의 것이고, 어떤 것이 우리 것인지 분별할 수 있다.

하나님의 말씀은 단지 인쇄된 단어가 아니다. 살아 있는 성령께서는 하나님의 말씀을 드러내신다. 우리는 성경이 그리스도 안에서 우리를 훈계하고 주와 함께 고난받는 것에 대하여 가르치는 것을 알 수 있다. 그러나 성령의 권능이 강력하게 역사하고 주님을 영적으로 만나는 성령의 호흡인 '레마'rhema 없이는 개인적인 특별한 은혜와 체험적인 믿음의 진보를 이해할 수 없다. 그 과정을 파악하려면 계시가 필요하다. 하나님께서 눈을 열어 주셔야 주님에게서 온 것과 우리에게서 온 것을 분별할 수 있다.

> 너희 마음의 눈을 밝히사 그의 부르심의 소망이 무엇이며 성도 안에서 그 기업의 영광의 풍성함이 무엇이며 (엡 1:18)

> 지으신 것이 하나도 그 앞에 나타나지 않음이 없고 우리의 결산을 받으실 이의 눈 앞에 만물이 벌거벗은 것 같이 드러나느니라 (히 4:13)

하나님 앞에 만물이 모두 벌거벗은 것 같이 펼쳐져 있다. 우리는 자신의 생각과 성령이 지적하시는 우리 안의 숨겨진 의도들을 주님 앞에 솔직히 인정해야 한다.

그의 영광을 위하여

하나님의 영광, 그의 능력과 은혜의 나타남, 억압의 굴레를 깨뜨리는 기름부음에 대한 명성reputation은 우리에게 달려 있다. 그것은 그분의 분명한 임재하심, 그분의 거처, 그분의 집중된 무소부재하심이다. 이것들은 물리적 오감으로 감지할 수 있다. 하나님의 '카보드'chabod는 그분의 위대함에 대한 깊은 신뢰와 진중한 경외감을 의미하는데, 이것이 바로 기름부음이다.

이해를 돕기 위해 '셰멘'shemen(오일, 연고, 지방, 기름짐)을 참고하라. "그것으로 거룩한 관유를 만들되 향을 제조하는 법대로 향기름을 만들지니 그것이 거룩한 관유가 될지라"(출 30:25). 거룩한 관유로 표현되는 하나님의 셰멘은 그분의 위대한 가치와 중요성에 대한 '기름짐'fatness이다. 그것은 그의 백성들에게 부어지지만, 가볍게 주어지지 않는다. 하나님은 영광을 받기에 합당하신 분이다. 따라서 하나님은 그분 자신을 매우 높이 두시며, 그것이 마땅한 바라고 생각하신다. 그래서 자신의 형상을 닮은 사람들에게 그분의 평판을 함부로 맡기지는 않으실 것이다. 사람들의 눈에 비친 하나님의 형상은 그분의 자녀들에 대한 평가에 의해 영향을 받는다. 그러므로 설교하고 가르치는 우리의 일상이 하나님의 명성에 영향을 끼친다.

이것이 우리가 "낭실과 제단 사이에서 울며" 주의해야 하는 이유이다. "여호와를 섬기는 제사장들은 낭실과 제단 사이에서 울며 이르기를 여호와여 주의 백성을 불쌍히 여기소서 주의 기업을 욕되게 하여 나라들로 그들을 관할하지 못하게 하옵소서 어찌하여 이방인으로 그들의 하나님이 어디 있느냐 말하게 하겠나이까 할지어다"(욜 2:17).

우리가 일상과 사역의 두 측면에서 깨어지고, 겸손하며, 복종하지 못한다면, 주님의 명성은 더럽혀진다. 그의 영광이 방해받거나 완전히 떠나 버리면, 우리는 영광이 사라진 '이가봇'ichabod으로 남게 된다.

성령의 깨뜨리심은 매우 중요하지만, 동시에 매우 불편한 주제이다. 이것은 영적 파노라마를 경험하기 위한 매우 중요한 열쇠이다.

다음 주제로 넘어가기 전에 마지막으로 짚고 넘어가야 할 것은 이 깨뜨리심의 과정이 가짜이거나 흉내낼 수 없다는 것이다. 진정한 겸손과 온유함은 거짓으로 가장할 수 없다. 오직 하나님께서 그것을 확증하실 것이다.

성령 없이 스스로 겸손해질 수 있다고 생각하는 것은 교만이다. 육적·혼적 삶에 맞서 싸우라. 그리고 주님께서 그것을 때려 부수고 열어 보시게 하고, 그분이 기뻐하시는 대로 새롭게 빚으시게 하라. 당신도 얼마든지 성령의 깨뜨리심에 복종하여 하나님이 기뻐하시는 삶을 살 수 있다.

6.
중앙아메리카

　　몇 년 전, 나는 중앙아메리카에 있는 한 국가를 방문하였다. 그 나라의 구체적인 이름은 언급하지 않겠다. 왜냐하면 이 간증이 그곳의 영적 지도자들 중 몇몇이 나의 사역에 반대하는 것으로 시작하기 때문이다. 다른 말로 하자면, 그들은 예언사역에 대한 부정적인 시각으로 사역을 거절하였다.

　　그러나 이 간증은 좋은 결말로 끝난다. 결국 그 나라의 영적인 지도력에 엄청난 발전과 변화가 있었다. 그것은 하나님께로 향하는 위대한 진보였다. 그 사람들의 이름을 언급하고 칭찬하고 싶지만, 지금도 활발하게 사역을 감당하고 있는 몇몇 지도자들에게 당혹감을 주지 않기 위해 그 나라를 중앙아메리카에 있는 나라라고만 언급하겠다.

저항에 부딪히다

중앙아메리카에 위치한 한 나라의 오순절교단에 속한 큰 교회에서 나를 예언집회의 주강사로 초청하였다. 그전에도 예언집회가 많았지만, 사실 진정한 의미에서 그것이 그 나라에서 열린 첫 예언집회였다. 나는 집회 준비를 돕던 로니 토마슨 목사에게 물어보았다. 그는 우리가 사역하고 있는 선교회의 이사 중 한 명으로 나의 신실한 친구이다. "그들이 예언집회를 원한다고 한 것이 실제로 무엇을 의미하는지 알고 있을까?"

우리는 복음전도자로서 여러 도시에서 전도집회로 섬기는 것이 얼마나 중요한지 이전에는 확실히 인식하지 못했었다. 사도적이며 예언적인 집회를 인도하는 것은 엄청난 결과를 초래하는 영적 모험이다. 영적 치유사역만으로도 역동적인 변화가 일어난다. 그렇다고 영적 치유가 더 좋다거나 더 강력하다는 뜻은 아니다. 만약 현지 리더십이 영적 치유사역에 대해 이해하지 못하거나 준비되어 있지 않다면, 문제가 발생할 수 있다. 그들은 사실 전통적인 복음주의적 전도집회를 기대하였다.

첫날 저녁집회에는 그 나라의 영향력 있는 영적 지도자가 50- 60

명가량 참석하였다. 그들 중에는 행사 주최자와 그 나라를 대표하는 유명한 목회자도 있었다. 정확하게 얼마의 군중이 모였는지 모르지만, 대략 1,500명 정도가 참석한 듯하였다. 집회 장소는 한 고등학교의 큰 강당이었는데, 그곳이 사람들로 꽉 차 있었다.

그날 집회 중에 간증을 나누었던 것으로 기억한다. 그때 많은 사람들이 은혜를 받은 것 같았다. 나는 늘 하던 대로 강대상에서 내려와 사역받을 사람들을 앞으로 부르고, 그들에게 안수하고 예언하였다. 첫 번째 사람이 나왔고, 나는 통역을 통해 그의 인생에 대한 예언의 말씀과 지식의 말씀을 전하기 시작하였다. 그런데 강한 저항의 장벽을 느꼈다. 이전에 경험해 본 적이 없는 강력한 저항이었다. 하지만 나는 그것을 이겨내었고, 다음 사람을 불렀다. 예언의 말씀들은 매우 구체적이었지만, 내가 힘을 다해 나아갈수록 저항이 점점 더 커지고 있음을 느꼈다.

내가 느끼기에 예언사역을 반대하는 사람은 많지 않은 듯하였다. 그들은 영적으로 굶주렸고, 지식의 말씀을 받는 데는 문제가 없었다. 하지만 그들이 전에 그런 사역을 경험해 본 것 같지는 않았다. 잠시 오른쪽을 바라봤는데, 목회자들에게서 느껴지는 반발심에 적지 않은 충격을 받았다. 그들 중 대다수는 종교적으로 저항하면서 자리를 박차고 일어나 강당 밖으로 나갔다. 나는 매우 실망했다.

다음날 아침, 집회 주최 측은 나를 사무실로 불러 계획되어 있던 나머지 행사를 중단하겠다고 통보하였다. 두 번의 집회가 남아 있었는데, 이미 폐회를 결정한 것이다. 아래의 대화는 대략 그때 오갔던 내용이다.

"남은 집회를 취소하겠습니다." 영어를 잘하는 목사님이 화난 어조로 말하였다.

"왜 그렇게 결정하셨나요?" 하고 내가 물었다.

"우리는 그런 예언을 믿지 않기 때문입니다."

"그 행사는 예언집회라고 광고하지 않았나요?"

"예, 맞습니다. 하지만 이건 우리가 예상했던 집회가 아닙니다. 우리는 복음적인 집회를 원합니다."

"그렇다면 저에게는 아무런 문제가 없습니다. 우리는 잃어버린 영혼을 구원하는 것이 가장 중요하다고 믿고 있습니다. 집회 때 구원 초청을 할 수 있습니다."

"아닙니다. 집회를 취소할 겁니다. 우리는 이런 종류의 영적 치유 사역을 원하지 않습니다."

나는 잠시 뒤로 물러났다. 그리고 성령님께 물었다. "어떻게 하지요, 성령님?" 곧 주님께서 다음과 같이 말씀하시는 것을 느꼈다. "그 사람 앞에 가서 무릎을 꿇어라. 그리고 겸손하게 소통이 잘못된 것에 대하여 용서를 구하라."

독일계 미국인으로서 매우 완고한 문화에서 성장한 내가 아무런 잘못도 없이 무턱대고 다른 사람 앞에서 무릎을 꿇는다는 것은 한 번도 생각해 본 적 없는 일이었다. 그러나 나는 주님께 순종하여 그 사람 앞에 가서 무릎을 꿇었다. 그것은 나 자신을 낮추는 의지에 대한 시험이었다.

"목사님, 소통이 미흡했던 점에 대해 사과하고 싶습니다. 저는 여기에 목사님과 여러 지도자들을 도우러 왔습니다. 사람마다 교리적으로 다른 시각을 가지고 집회에 참석한다는 것을 온전히 인식하지 못했습니다. 부디 저를 용서해 주시기 바랍니다. 의도가 제대로 전달되지 못한 것에 대해 제가 책임을 지겠습니다. 목사님이 집회를 취소하기로 결정하신다면 이해합니다. 그런데 혹시라도 계속 진행하신다면, 제가 할 수 있는 최선을 다하여 목사님과 여러 리더들이 동의하는 선에서 사역하겠습니다."

그러자 그의 마음이 누그러졌다. 생각지 못한 반응이었다. "좋습니다. 집회를 취소하지 않겠습니다. 다만 오늘 밤 집회 때는 간증을 나누어 주시고, 그 이후에는 전도 중심의 사역을 해주시기 바랍니다." 나는 그의 제안에 동의하였다.

그날 저녁집회에는 더 많은 사람들이 찾아와 주최 측은 수용할 공간이 부족하여 많은 사람들을 돌려보냈다. 그중 소수의 목회자들이 돌아가지 않고 집회에 참석하였다. 나는 간증을 한 후 사람들을 강단으로 초청하였다. 백여 명이 앞으로 나왔고, 그들은 주님을 영접하였다. 할렐루야! 참으로 은혜로운 집회였고, 감사한 밤이었다.

그러나 내 영은 그것이 주님이 원하신 전부가 아니었다고 말하고 있었다. 그 목사님은 나를 이 나라의 영적 선구자라며 높여 주었다. 그 당시까지만 해도 그 나라에는 예언사역이 거의 없었다. 나는 주님께서 이 일로 인하여 슬퍼하신다는 것을 감지하였다. 하지만 마지막 저녁집회를 잘 마치기 위해 주최 측이 제시한 조건을 따르기로 하였다. 나는 무거운 마음으로 잠자리에 들었다.

놀라운 반전

다음날 아침 목양실로 들어갔을 때, 집회를 담당하는 목사님의 얼굴이 백지장처럼 창백해져 있었다. 그는 내 앞에 무릎을 꿇더니 "죽고 싶지 않아요!"라고 소리치며 내 다리를 붙잡았다. 놀란 나는 동행한 친구 목사인 로니에게 곁눈질을 하였다. "음, 좋아요. 무슨 일이 있었나요?"

그 목사님은 전날 밤에 꾼 꿈에 대해 설명하기 시작하였다. 꿈에 예수님이 나타나셔서 몹시 화를 내셨다고 하였다(예수님은 분노하실 수 있고, 전능하신 하나님을 화나게 하는 것은 어리석은 일이므로, 그런 상황은 주의해서 기억할 필요가 있다). 그가 나누었던 꿈의 내용이 자세하게 기억나지 않지만, 주님의 메시지는 다음과 같았다. "너는 나의 예언자를 통하여 이루고자 했던 계획과 목적을 망치고 있다. 내가 기름 부어 세운 사람을 대적했으니, 너의 사역을 폐하고 너의 생명도 거두어갈 것이다." 마치 주님이 그에게 "네가 다 망쳤다. 오늘 널 데리고 갈 것이다"라고 말씀하시는 것처럼 느껴졌다는 것이다.

어쩌면 누군가는 주님이 생명을 거두어 가신다는 표현에 대해 문제 삼을 것이다. 여기서 그것에 대해 구구절절 설명하지는 않겠지만, 적어도 그 목사님은 주님이 자신을 곧 하늘나라로 데려가실 것이라고 믿었다. 놀랍지 않은가!

꿈 이야기를 마친 그는 "죽고 싶지 않아요"라고 절규하듯 외쳤다. "말로니 박사님, 오늘 밤에는 주님이 원하시는 대로 사역하시고, 저도 치유해 주세요." 주님의 말씀에 따라 용서를 구한 나를 포함하여 주님의 메시지에 따라 영적 치유를 구한 그 목사님도 겸손하게 순종하였다!

그날 밤은 전날보다 참석자가 두 배나 많은 것 같았다. 많은 사람들이 돌아가려 했지만, 그 목사님은 많은 목회자들에게 다시 돌아오라고 설득하였다. 나는 성령의 음성을 따라 말씀을 전하였다. 내가 말씀을 전할 때, 그들 중 몇몇이 앉은 자리에서 몸을 떨고 있었다. 그때 아마도 그 목사님의 꿈 이야기를 했던 것으로 기억한다.

말씀을 마친 후, 사역받을 사람으로 누구를 초청할지가 확실하지 않았다. 오직 그 사람이 여성이라는 것을 빼고는 말이다. 나는 한 여성을 손으로 가리키며 "저분에게 사역을 하겠습니다. 지금 바로 앞으로 나오시기 바랍니다"라고 말하였다. 통역을 통해 그 사람에게 메시지를 전달하였고, 그녀가 앞으로 나오기까지 몇 분이 걸렸다.

약 십여 분간 그 여인에게 예언의 말씀을 전했다. 나는 그녀와 그녀의 남편이 그 나라에서 하나님이 행하기 원하시는 일에 순종하는 마음으로 지난 이틀간의 집회에서 주님께 그들의 마음을 드리고 있었음을 분별하였다. 주님께서는 그녀가 몇 가지 사건과 육체의 질병으로 얼마나 고통을 받고 있는지 알려 주셨고, 또한 지금 그녀를 치유하신다고 말씀하셨다.

나는 그녀와 남편의 기도가 응답될 것이라고 선언하였다. 또한 그들이 세계 열방 가운데 예언사역을 감당하게 될 예언자들을 세우는 일에 쓰임 받는 하나님의 도구가 될 것이라고 말해 주었다. 주님께서 허락하여 주시는 파노라마를 보며 예언할 때, 그녀는 흐느끼며 눈물을 흘렸다. 그녀가 자리로 돌아간 후, 누군가가 내 귀에 대고 속삭였다. "저분이 바로 이 집회를 준비한 목사님의 사모님이에요."

나는 주님께서 그녀의 남편을 곧바로 천국으로 데리고 가지 않으시고, 오히려 그가 주님을 위해 살도록 기회를 주신 것이라 믿는다. 이 모든 일은 그 목사님 내외를 그 나라에서 예언사역의 핵심적 리더로 세우시기 위해 주님이 행하신 일이다. 내가 난처한 상황에 처하기는 했지만, 그 목사님의 권위를 인정하고 겸손하게 그분 앞에 무릎을 꿇고 용서를 구함으로 이 모든 일이 가능하였다. 이것은 하나님이 계획하신 역사였다.

그 집회를 통해 여러 목회자들이 변화되기 시작하였다. 그들은 기적을 풀어내는 예언적 파노라마를 직접 목도하였다. 참으로 놀라운 일 아닌가! 더구나 그 집회를 주최한 그 목사님이 실제로 예언자 학교를 설립하여 오랫동안 운영했다는 사실은 더욱 놀랍다.

현재 그는 모국을 떠나 미국에서 목회사역을 감당하고 있다. 매년 5월과 12월에 그는 약 150명의 예언학교 학생들을 졸업시키고 있다. 많은 사람들이 계속해서 본국을 떠나 중동지역에서 예언사역의 핵심적인 역할을 감당하고 있다. 또한 그들의 예언사역을 통해 아랍인 가정교회 안에 놀라운 영적 부흥이 일어나기 시작하였다.

현재 그 목사님은 예언과 사도적 사역에 가장 중요한 지지자 중 한 명이 되었다. 그리고 그의 영향력은 중앙아메리카의 여러 나라들에 거대한 산불처럼 번지고 있다. 이것이 바로 예언적 전도의 능력이다. 당신도 이러한 운동을 갈망하라. 이것은 당신의 삶에서도 충분히 일어날 수 있는 하나님의 역사이다.

7. 파노라마란 무엇인가?

 '파노라마'라는 말은 여러 가지 치유사역의 개념이 섞여 있어서 쉽게 정의하기는 어렵지만, 한마디로 말한다면 성령의 독특한 흐름이라고 할 수 있다. 사실 파노라마라는 개념은 다소 이해하기 복잡한 용어이다. 하지만 그것은 고정관념 때문이다. 파노라마라고 부르는 것은 정확한 표현이다.

 호세아서 12장 10절은 파노라마적인 비전을 말하고 있다. 헬라어로 비전은 '호라마' horama이며, 이는 마치 꿈같은 상태에서 펼쳐지는 그림책 또는 초월적인 황홀함을 암시한다. 여기에 '모두'라는 의미의 접두어인 '판' pan을 붙이면 '모든 비전'이라는 의미를 담은 파노라마panorama가 된다. 우리들 대부분은 파노라마라는 용어를 영화처럼 움직이는 그림으로 생각하는데, 이것은 사실이다. 파노라마는 그것을 포함한다. 그런데 파노라마는 단순히 움직이는 비전 이상의 의미를 가지고 있다.

무엇보다 파노라마는 영혼의 작용을 통찰하는 것이다. 요한일서 4장의 말씀대로 우리는 영을 시험해야 하는데, 파노라마는 이것을 가능하게 한다. 특히 이것은 영계에서의 움직임이나 활동을 구별하고 식별하는 기름부음이다. 그것은 마귀의 역사인지, 아니면 성령의 역사인지를 구별하는 데 도움을 준다.

파노라마는 단지 빛과 어둠의 천사에 대한 분별만을 의미하는 것은 아니다. 그것은 인간의 육신 안에서 이루어지는 영혼의 작용을 인지하는 것으로, 사물의 근본 원인을 분별한다. 영 분별은 예언, 지식의 말씀, 지혜의 말씀과 같은 계시적 은사이다.

보는 것의 네 가지 유형

마귀의 활동을 드러내는 영 분별은 축사사역에 필수적이다. 그러나 궁극적으로 이 사역의 가장 큰 목적은 하나님의 영이 어떻게 일하시는가를 이해하는 것이다. 따라서 우리는 주님과 한 몸처럼 사역할 수 있다. 이를 통해 우리는 주님의 역사를 보고 알 수 있다.

영 분별은 예언적인 기름부음의 흐름에 뿌리를 두고 있다. 그런데 파노라마와 같이 영안이 열려 볼 수 있는 차원이 있다는 것을 알아야 한다.

첫째, 그것은 우리 몸 안에 존재하는 영적인 감정이다. 내 안의 깊은 곳에서 영이 보여 주고 있는 것이 무엇이고, 그것이 진실인지를 감지하는 것이다. 이것은 우리 영혼에 속삭이는 고요하고 세미한 주님의 음성(왕상 19:11-13 참고)의 일부로, 인식과 이해, 즉 사역이 활발하게 일어날 때 영계에서 전달되는 것에 대한 분별이다. 단지 당신의 생각이나 말이나 내면의 환상만을 의미하는 것이 아니라 당신을 통하여 하나님으로부터 오는 것이다. 그것은 영적인 눈으로 보는 것을 의미하며, 정신적 혹은 물리적으로는 볼 수 없다.

"나는 내 아버지에게서 본 것을 말하고"(요 8:38). 예수님은 영안으로 마음이 시각화하지 못하는 것들을 인식하셨다. 그분은 아버지께서 하시는 일을 분별하셨는데, 언제나 아버지를 마음으로 보신 것은 아니었다.

사람의 영은 이러한 형태의 내적 시각으로 무언가를 감지한다. 그러나 그의 마음은 영이 감지하는 것을 보지 못한다. 그것은 내면의 지식과 과정을 포함하며, 그들이 감지하는 것을 말함과 동시에 입술에 계시가 전달되고, 성령은 그들의 영에게 말씀하신다. 이때 당신은 단지 자신이 무언가를 알고 있다는 사실을 알 뿐이다.

이러한 유형의 비전의 예로는 누군가를 위해 기도해야 한다고 느끼는 것, 내면의 끌림이나 갈망, 사랑의 감정이 그 사람을 향하여 흘러나옴을 느끼는 것 등을 들 수 있다. 이런 유형의 시각은 크지는 않아도 강렬할 수 있다. 예를 들어 대화를 해야 할 것 같이 느껴지는 사람에게서 상황이 나아지기를 바라는 내면의 갈망을 보는 것이다. 당신은 심지어 그 사람의 필요에 공감하며 몸으로 고통을 느낄 수도 있다. 그것은 예수님이 문둥병자를 보시고 불쌍히 여기셨던 것과 같다 (막 1:41). 주님은 그를 치료하기 원하셨다.

나는 모든 그리스도인이 성령 안에서 소통하면서 주님이 말씀하시는 것을 감지하는 영적인 감각을 개발해야 한다고 믿는다. 당신의 영은 내주하시는 성령의 역사로 무엇이 옳고, 그른지를 알 수 있다. 이러한 영적 민감성을 키우는 유일한 방법은 앞에서 논했듯이 성소와 같이 은밀하고 거룩한 곳에서 주님을 조용히 기다리는 것이다. 하나님의 영광을 체험하는 것은 기본적인 것이다. 그것이 없으면, 우리는 치유사역 가운데 거짓 영이나 인간적인 영으로 인해 실패하게 될 것이다.

> 이르시되 내 말을 들으라 너희 중에 선지자가 있으면 나 여호와가 환상으로 나를 그에게 알리기도 하고 꿈으로 그와 말하기도 하거니와
> (민 12:6)

'초제흐' Chozeh 는 히브리어로 '보는 자' Seer 를 의미하고, '로에흐' Ro'eh 는 '비전'을 의미한다. 파노라마의 두 번째 유형은 사진처럼 보여지는 것이다. 이것은 설명하기 어렵긴 한데, 여기서 사진이라고 하는 것은 때때로 '보는 자의 기름부음' seer anointing 이 마음의 눈 속에 번

쩍 터지는 플래시 같이 작용하는 것을 말한다. 사진을 여러 장 모아 놓고 차례로, 위에서 아래로 보는 것과 같다. 학교 다닐 때, 자신을 소개하기 위해 판 위에 여러 장의 사진들을 붙여 놓았던 것처럼 말이다.

이것은 지식에 대한 내면의 비전과도 같다. 사진들을 보며 그것을 묘사할 수 있는 것처럼 말이다. 예를 들어 이렇게 말할 수 있다. "당신이 사다리 위에 올라서 있는 모습이 보입니다. 그리고 당신이 사다리에서 떨어져 갈비뼈가 부러진 것을 보았습니다."

사진은 움직이지 않지만, '보는 자'는 각 사진이 포함하고 있는 것을 묘사할 수 있다. 마치 모자이크처럼 전체 개념이 밝혀질 때까지 각각의 사진이 담고 있는 것을 퍼즐조각과 같이 묘사하는 것이다. 스냅사진은 그것을 묘사하기 좋은 방법이다. 이 사진들은 기억처럼 머릿속에서 깜박거릴 수 있다. 중요한 점은 사역이 마음속에서 내적으로 일어난다는 것이다. 그래서 우리가 사진에서 보는 것을 묘사함으로써, 주님이 과거의 사건을 보여 주듯이 지식의 말씀이 혼합되어 들어오는 것이다. 또한 미래의 사건과 예정이 드러나는 지혜의 말씀도 있다.

세 번째 유형의 '보는 것' seeing은 움직이는 비전으로, 파노라마라는 단어와 연관 지을 수 있다. 이것은 우리가 이 장에서 논의하고 있는 이 모든 것을 다양한 수준으로 결합한 것이다. 마치 영화를 보는 것처럼 움직이는 내면의 비전은 '보는 자' 앞에서 펼쳐지는 일련의 사진일 수도 있지만, 애니메이션과 같은 인상을 주기도 한다.

이러한 보는 자의 생각은 자연계에서 그들 앞에 나타나 보통 왼

쪽에서 오른쪽으로 펼쳐 움직인다. 당신은 여전히 바닥이나 벽이나 천장을 보고 있고, 파노라마가 그 위에 겹쳐져 있다.

마지막 비전은 외부적인 것인데, 그것은 움직이는 두루마리나 사진 또는 비전이 영화를 보는 것과 같이 머리 밖에 나타나는 것이다. 그것은 마음의 눈이 아니라 육체적인 눈으로 볼 수 있다.

종종 사람들이 환상을 본다고 말할 때, 그것은 그들의 마음속에 떠오르는 사진과 같은 흐름이라고 할 수 있다. 그것이 틀리거나 덜 중요한 것은 아니지만, 육체적인 시각에 깊은 인상을 주는 것과는 구별된다.

모든 사람이 이층천이나 삼층천에서 보지는 못하지만(안타깝게도 일층천에서도 보지 못하는 사람들도 있다), 성령의 일하심은 모든 신자에게 열려 있다. 다시 말하지만, 이러한 종류의 사역을 감당하는 것은 하나님과의 더 깊은 관계와 그분에 대한 민감성에 뿌리를 둔다. 보려는 것이 아니라 주님을 알고자 하는 것이다(빌 3:10). 바울이 모든 것을 잃는 고통 속에서 하나님을 알았고, 그분을 신뢰하였다는 것을 기억하기 바란다. 이것은 깨어짐의 은혜이다.

믿음의 기름부음

다시 파노라마로 돌아가자. 그것은 앞에서 설명한 모든 기능들을 합한 것과 같다. 당신은 느끼고, 분별하고, 알고, 내면으로 본다. 이것들은 앞에서 언급한 천국의 기둥 비전처럼 대부분 당신을 말아 덮는다.

다양한 수준에서 보는 자seer 사역은 믿음의 은사를 다운로드하는 것과 같다(고전 12:9 참고). 당신이 잘 알고 있듯이, 믿음의 은사는 하나님 아버지로부터 주어진다. 아버지의 믿음의 한 요소로서 우리에게 연결되는 그것은 영구적인 믿음이 아니며, 사역이 완료되면 위로 들어 올려진다. 즉, 그 은사가 사라진다. 그것은 개인적 차원의 믿음, 즉 겨자씨로 시작하여 잎사귀 무성한 나무로 변모하여 자라고 성숙하는 믿음이 아니다.

앞에서 말했듯이, 보좌로부터 오는 믿음의 은사를 떠나서 창조적인 기적이 일어나는 것을 볼 수 있는 믿음을 가진 사람은 아무도 없다. 우리는 누군가 치유되는 것을 봄으로써 다음 사람도 치유될 수 있다고 믿는 믿음을 갖게 된다. 그런데 이것은 주로 내적인 필요, 감정적인 것(내적 치유, 축사사역), 또는 신체적인 것(종양, 당뇨, 골절 그리고 축사사역)을 중심으로 이루어진다.

나는 창조적·재창조적 기적에 대하여 임파테이션된 믿음의 기름부음이 더욱 흘러 넘쳐야 한다고 믿는다. 그렇지 않으면 믿음의 은사를 이해할 길이 없기 때문이다. 당신이나 내가 절단되어 발이 없는 사람에게 사역한다고 생각해 보자. 당신은 많은 사람들 앞에서 기적적으로 발이 자라나는 기적을 볼 수 있을 정도의 믿음을 가지고 있는가? 거의 40년 동안 치유사역을 해왔지만, 나는 솔직히 아니라고 대답하고 싶다. 나는 발가락이 자라거나 고막이 생기거나 안구가 바뀌는 것과 같은 기적을 체험하기 위해 오직 주님의 믿음만을 의지한다.

그것은 우리 모두가 간절히 원하는 더 높은 차원의 기적이지만, 솔직히 우리는 그것을 큰 규모로 보지는 못한다. 다시 말하지만, 나는 이것을 개인이 아니라 공동체적으로 경험하고 싶다.

예언적 요소들

파노라마에는 직접적인 예언적 요소가 있다. 먼저는 '나비'nabiy(예언자를 의미하는 히브리어)의 흐름 속에서 말씀을 선포하는 것인데, 통상적으로 하나님의 말씀을 전하는 사람이 받은 예언적 말씀을 의미한다. 또한 이슬같이 내리는 말씀의 요소인 '나타프'nataph(이슬을 의미하는 히브리어)가 있다. 마지막으로 '마사'massa(짐, 부담 등을 의미하는 히브리어)는 풀어짐이 요구되는 주님의 짐을 의미한다. 이 세 가지 예언적 요소들은 서로 대체되기도 하지만, 서로 긴밀히 연관되어 국가나 교회와 같은 공동체 가운데 예언적 선포를 이루게 된다. 이러한 사역 가운데 주님의 음성이 실제 귀로 들릴 수 있다.

이들은 예언적 사역과 공통적으로 연관되어 있는 현상으로, 파노라마적 흐름 속에서 각각의 역할이 있다. 예언의 영의 어떤 형태의 강렬한 움직임도 파노라마가 될 수 있다(계 19:10 참고). 그것은 황홀한 감각과 함께 더 높은 차원의 질서라 할 수 있다.

파노라마 사역이 진행되는 동안 그 사역을 감당하는 예언자나 사역을 받는 사람이 초월적인 경험을 하는 경우가 많다. 그런데 이것은 소위 '변화된 의식상태'altered state of conscious를 반대하는 사람들을 불편하게 할 것이다. 나는 종종 은사주의적 그리스도인들의 신비로운 가르침을 반대하고 비난하는 사람들을 만난다. 하지만 주님의 신비로운 역사는 여전히 계속되고 있다. 황홀경과 충만한 기쁨에 사로잡히는 체험은 성경에서도 여러 차례 언급된다(민 25장, 막 5, 16장, 눅 5장, 행 3, 10, 11, 22장).

나는 사람들에게 비슷한 종류의 경험에 안주하지 말라고 강력히 경고한다. 주님은 파노라마 사역에서 종종 내 영을 위로 올리신다. 헬라어 '에크스타시스'ekstasis라는 단어에서 영어단어 엑스타시ecstasy가 왔는데, 이것은 '누군가의 옆에 서 있다'는 뜻이다. 사람의 몸이 성령의 능력의 지배를 받게 되면, 육체적으로도 영향을 받아 힘이 빠지게 된다. 성령의 구속이나 능력 가운데 입신할 때, 마치 아무 일도 없었던 것처럼 그 자리에 누워 있는 것이 일종의 엑스타시이다.

위의 모든 설명이 파노라마를 의미한다. 잠시 이해를 돕기 위해 내가 파노라마가 아니라고 생각하는 것들을 예를 들어 설명하겠다.

거짓 영을 분별하라

은사적인 영역 안에서 불가사의한 영역Preternatural(혼적인 초자연의 영역 – 역자 주)과 초자연적인 영역Supernatural(영적인 초자연의 영역 – 역자 주) 사이에 진정한 구분이 없다고 주장하는 가르침이 있다. 자연계는 오감을 통해 경험되는, 현재 우리가 살고 있는 지상의 영역이다. 그리고 영계, 즉 하나님의 영역이 존재한다. 이 영역들은 중립적이어서, 본질적으로 악하거나 선한 것으로 구분되지 않는다. 단지 그 안에 존재하는 것(예를 들자면 천사나 마귀)이 선과 악에 속한다.

지상계는 본질적으로 악하지 않다는 관념이 있다. 하나님이 하늘과 땅을 창조하셨을 때, 그들은 선했고 지금도 그러하다. 그러나 마귀의 타락과 인간의 원죄에 의해 부패하였다. 개인적으로는 이 지상의 부패가 아담의 타락과 더 관련이 있으며, 인간의 타락 이후 (청지기적 책임이 요구되는) 이 지구계의 질서가 사탄에게 넘겨진 것이라 생각한다(지구 자체가 문제는 아니다. 시편 24편 1절의 말씀대로 온 세계는 주님의 것이다).

이것에 대하여 조금 더 이야기해 보자. 나의 요점은 성경에서 세 가지의 중요성을 강조한다는 것이다. 인간은 영, 혼, 육으로 구성되어 있다. 그리고 하나님은 삼위일체의 하나님이시다(하나의 본질이지만 삼위이시다. '알레세이야 엘류세루'Aletheia Eleutheroo라는 개념을 배우면 이해될 것이다). 노아의 방주도 세 개의 층으로 구성되었고, 성막도 바깥 뜰, 성소, 지성소 세 부분으로 나뉜다. 예수님께서는 세 사람을 죽음에서 살리셨고, 주님 자신도 3일째 되는 날 죽은 자 가운데서 다시 살아나셨다. 이처럼 '3'이라는 숫자는 하나님께 특별한 의미가 있다.

바울은 삼층천으로 이끌려간 체험을 이야기한다(고후 12:2-4 참고). 그가 경험한 삼층천은 무엇을 의미하는가? 바로 일층천과 이층천이 존재함을 의미한다.

이층천은 일층천 바로 위에 존재하는 곳으로, 보이는 물리적 지상계의 보이지 않는 영역, 즉 영적 영역이다. 일층천은 지구 자체, 즉 우리가 사는 세계, 우주, 별, 행성 등의 보이는 자연적 실상이다. 이층천은 기이하고 신비로운 영역에 해당하는 보이지 않는 세계라고 할 수 있다. 여기서 말하는 기이하고 신비로운 영역은 '자연의 바깥쪽'을 의미하지만, 이는 초자연적인 영역과 구별된다.

이층천은 마귀와 그가 부리는 귀신들이 사는 곳으로, 루시퍼가 이 땅에 던져지는 것에서 볼 수 있듯이(계 12:9 참고) 일층천에서도 보일 수 있다. 불가사의한 영역은 보이지 않는 영적인 영역으로, 지상의 육체가 거할 수는 없다. 그러나 그것은 성령의 영역도 아니다. 낙원을 의미하는 아브라함의 품안(눅 16:22)과 지옥을 의미하는 스올sheol과 하데스hades는 기이하고 신비로운 불가사의한 영역의 일부라고 할 수 있다. 이것은 영적인 영역이기는 하나, 하나님의 영역은 아니다.

내가 알기로 대부분의 그리스도인들이 삼층천이 하나님의 영역이라는 것에 동의한다. 이 영역이 바로 신약성경에서 말하는 천국인데, 그곳은 죽음과 동시에 속죄받은 영혼이 가는 곳이다(반면 지옥을 의미하는 '게헨나'는 구원받지 못한 영혼이 가는 곳이다). 이곳이 바로 하나님의 보좌, 진주가 가득 박힌 성문, 불이 피어나는 유리 바다, 그리스도의 재림 후 세워지는 새 예루살렘이 있는 곳이다.

파노라마를 이해하는 데 있어서 이 모든 장황한 설명이 필요하다. 파노라마 예언사역이 기이하고 신비로운 영역에서 다루어지지 않기 때문이다. 우리가 기이하고 신비로운 영역과 보이지 않는 초자연적인 영역을 구분하지 않은 채 보이는 영역과 보이지 않는 영역만 가르친다면, 수많은 속임수에 노출될 수 있다. 우리가 이 불가사의한 영역을 삼층천의 초자연적인 영역으로 착각하면, 헛된 신학과 편견에 사로잡히게 된다.

만일 우리가 영계와 지상계만 믿고, 영에 대한 분별 없이 영계가 중립적이라고 생각한다면, 친숙하게 다가오는 거짓 영에 쉽게 노출될 것이다. 영들이 존재하고 이들이 역사한다는 것을 이해한다면, 내 말을 이해할 수 있을 것이다.

심령술사의 방식은 구약성경에서 죽은 사람을 주술로 살리는 사건과 연관되어 있다. 이것은 오컬트적 주술과 마술이다. 뉴에이지 철학은 하나님의 영역은 모두 하나이며, 모두 같은 것이라고 가르친다. 그러나 절대로 그렇지 않다. 그들은 단지 불가사의한 영역만을 두드리고 있는 것이다. 우리가 우리의 자원을 확신하지 못한다면, 예언자로서 상황을 어지럽게 만들 수 있다. 우리는 불가사의한 영역에서 헤맬 시간이 없다. 그것은 우리를 왜곡으로 이끌 것이다.

파노라마는 그런 것이 아니다. 그것은 당신의 주민번호를 맞추거나 당신의 은행계좌에 얼마나 많은 돈이 있는지 알려 주지 않는다. 나는 그러한 예언들이 모두 '불가사의한 영역'에 뿌리를 두고 있다고 말하는 것이 아니다. 나는 언제나 하나님이 계시하시는 이유를 묻는다. 내가 베스라는 이름의 증고모할머니와 닮았다고 한들, 누가 신경이나 쓰겠는가? 내 중간 이름이 나의 양아버지의 이름인 에드워드라고 밝혀진들, 그것이 치유와 무슨 상관이 있겠는가? 휠체어를 걷어차고 일어나 걸어 다니겠는가? 아니면 사람들의 야유를 받으며 아무런 치유 없이 떠나겠는가?

파노라마가 그렇게 구체적인 것인가? 그렇다! 그런데 계시가 풀어질 때는 언제나 그 이유가 있다. 파노라마는 영계, 즉 삼층천을 돌파하는 것이며, 이층천 사역의 오류를 차단하기 위해 존재한다.

이 책의 마지막 장에서는 주님과의 관계를 세우는 방법 중 초자연적 대면을 지속하는 것에 대하여 다루는데, 이는 안식과 침묵 속에서 주님을 기다리는 것을 포함한다. 불가사의한 영역은 아버지의 참된 세계를 경험하는 것과 관련해서 잘못된 지름길을 제공한다. 이것은 파노라마 사역으로 분별이 가능하며, 거의 100퍼센트에 가깝게 정확하다.

파노라마는 배관선과 같은 것으로, 이층천을 뛰어넘어 일층천을 바로 삼층천으로 연결하는 연결고리이다. 《춤추는 하나님의 손》을 읽은 독자들은 거기서 내가 묘사한 기둥 비전을 기억할 것이다. 당시 위로부터 오는 기름부음으로 인하여 나와 내가 사역하기 위하여 지목한 사람 위로 영광의 구름이 몰려왔고, 그것이 고치를 친 것처럼 우리를 둘러 외부로부터 보호하였다.

그 기둥이 꽉 채워져 있어서 어떤 것도 침투할 수 없었고, 그 무엇도 주님의 순수한 흐름을 오염시킬 수 없었다. 그것은 전적으로 성령의 지배를 받는 것과 같으며, 이것이 파노라마이다. 종종 나와 사역을 받는 사람이 함께 구름을 보는데, 주님이 역사하실 때 구름이 임하는 현상이 나타난다.

지금 나는 자랑을 하려는 것이 아니다. 기억하라. 나는 절대로 주인공이 아니다. 부신피로 증후군에서 회복되고 난 후, 더 이상 내 힘으로 하는 사역은 의미가 없어졌다. 오직 하나님만이 그 사역을 주장하시는 주인공이다. 나는 어떤 수준에서든 우리의 사역 가운데 적용하고 실행해야 할 분명한 원칙이 있다고 믿는다. 아주 정확하지는 않더라도 비슷한 형태의 사역을 경험하기 위해서 말이다. 나는 주님이 이 시대에 필요한 사역을 지속하시는 가운데, 우리를 파노라마로 인도하셔서 사용하시리라 믿는다.

카이로스

잇사갈의 아들들이 그 시대에 대해 이해하고 분별하였던 것처럼 이스라엘이 무엇을 해야 하는지 아는 것(대상 12:32)은 파노라마의 분별하는 요소의 주요 목적 중 하나다. 그것은 우리가 살고 있는 시대를 정의하고 이해하고 지각하며, 백성(영적인 이스라엘)이 무엇을 해야 하는지를 알게 한다.

이런 맥락에서 백성들을 향한 하나님의 가장 위대한 은사는 바로 열린 기회들이다. 에베소서 5장 16절은 "세월을 아끼라"고 말한다. 왜냐하면 시대가 악하기 때문이다. 세월을 아끼기 위해, 하나님의 영광을 보기 위해, 그분이 창조하신 기회 안에서 주님에 대한 민감성을 키우기 위해, 우리는 부지런히 노력해야 한다. 그것이 하나님께 칭찬받는 확실한 방법이다. 파노라마 기름부음은 이 시대를 분별하는 민감성을 키우는 데 도움이 된다.

성경은 시간을 순환적으로 보여 주는 것이 아니라 직선적으로 제시한다. 시간은 천지창조에서 시작되어 이 지구에서 하나님의 목적이 성취된 후 비로소 종료될 것이다. 그러면 시간은 더 이상 존재하지 않을 것이다. 시간에는 정해진 시작과 끝이 있다. 하나님은 이미 그 시간의 끝을 알고 계신다. 헬라어로 '크로노스'chrons라고 부르는 이 자연적이고 직선적인 흐름 가운데 하나님은 그의 특정한 시간을 의미하는 '카이로스'Kairos를 삽입하셨다. 카이로스는 크로노스를 가로지르는 하나님의 특정한 목적의 시간들을 의미한다. 매일매일 주어지는 기회의 시간, 은혜의 시간인 것이다.

카이로스는 하나님의 거룩한 개입이 예정된 기간을 의미하거나 하나님이 운행하시는 시간으로 창조된 것을 말한다. 이러한 순간들은 하나님의 능력과 목적을 폭발적으로 나타냄으로 자연적인 시간을 흔들어 깨우는데, 잇사갈의 아들들이 이것을 인식하였던 것이다. 그로 인해 이스라엘 백성들이 그 시간들을 어떻게 사용해야 하는지 알 수 있었다. 이것이 이 시대에 영을 분별하는 능력을 키워야 하는 중요한 이유이다. 즉, 이 시대에 파노라마의 기름부음이 흘러야 할 이유인 것이다.

'지금 여기'의 시간을 구별하고 인식하는 것, 그러한 특별한 기회들, 주님의 것들, 즉 우리가 인생 가운데 행하고 이룬 것들은 이 다음에 오는 새로운 시대에도 여전히 하나님의 목적을 따르며 반드시 성취된다. 그렇게 크로노스가 완성되는 것이다.

파노라마는 우리가 하나님의 목적 안으로 들어갈 수 있도록 돕는다. 우리가 들어가야 함을 이해할 때에만 비로소 그 목적 안으로 들어갈 수 있기 때문이다. 이해되는가? 이런 보는 자의 사역, 즉 파노라마는 주어진 시간 안에서 하나님의 목적을 분명하게 하고 순수하게 정제한다. 그것은 이 땅의 시간 속에서 영원한 계획의 카이로스를 함께 공유한다. 즉 하나님의 목표들의 영원한 요소를 밝혀 주는 결정적인 시간을 말이다. 하나님께서 하시고자 하는 바를 깨닫고 붙잡는 것은 민감성에 달려 있는데, 이를 인하여 우리는 하나님이 하시고자 하는 일을 빨리 이해하고 행하게 된다.

우리는 적극적인 행동으로 하나님을 붙잡아야 한다. 파노라마는 영원하신 하나님의 임재를 경험하는 데 매우 유익한 방법이자 그분의 영원한 영광의 새로운 표현으로, 인간의 역사를 관통하여 들어오시는 모든 시대의 하나님을 경험하게 한다. 시대에 대한 이해가 왜 중요한지 이제는 알 것이다. 이 카이로스의 순간을 놓치지 말라.

파노라마 사역은 창조되고 정해진 시간들 가운데 민감한 인식을 충만하게 불러일으킨다. 그것은 사람들이 정체성에 대한 감각을 키우는 데 도움을 준다. 당신이 결코 우연의 결과가 아니라는 것을 깨달아야 한다. 카이로스가 제시하고 있는 특별한 기회를 잡기 위해 바로 이 순간에 크로노스로 끌려온 것이다. 하나님이 회개하라고 부르셨을 때, 그분은 지속적인 목적으로 당신을 부르신 것이다. 당신의 삶은 구원에서 시작되었고, 당신에게는 성취하고자 하는 목표가 있으며, 그로 인하여 당신은 천국의 박수갈채를 받는다. 당신은 단지 거듭나기 위하여 거듭난 것이 아니다. 하나님은 이미 당신에 대한 목적을 그의 뜻 안에서 이루셨다. 이제 당신은 그것을 실행해야만 한다. 파노라마는 그 목적을 이루도록 당신을 도울 것이다.

베드로전서 5장 6절은 우리가 하나님의 강한 손 아래서 겸손해지면, 때(카이로스)가 되어 우리를 높이실 것이라고 약속한다. 갈라디아서 6장 9절은 우리에게 낙심하지 말라고 하면서 때가 이르면 반드시 거두게 될 것이라고 약속한다. 우리는 아직 성취되지 않은 예언의 소유자이자 축복의 계승자가 될 것이며, 나아가서 다른 사람들에게 축복을 선포하는 능력이 될 것이다.

파노라마 사역은 그것을 받는 자에게 건전한 자존감을 심어 준다. 그들은 진리를 위해 희생하고, 부르심에 순종함으로 명예의 전당으로 불려진다. 하나님께서 그들을 특별히 독특하게 만드셨기 때문에 다른 사람들과는 다른 방식으로 하나님을 섬길 수 있다는 것을 이해하기 시작한다. 그들은 하나님과 인류에게 그 누구도 줄 수 없는 무언가를 가지고 있다. 그들에게는 목적이 있다. 그들은 자신들이 왜 이 지구에 살고 있는지 깨닫기 시작한다.

무엇보다 리더십이 중요하다. 이미 심겨진 부르심 때문에 사역을 받는 자는 시련을 견딜 수 있다. 그 부르심의 최종 결과는 어떤 대가라도 치를 수 있을 만큼 충분히 가치가 있다. 하나님이 그들을 사용하기 원하심을 알기 때문에 그들의 믿음은 더욱 배가된다. 각 사람은 자신의 영적 현실에 대한 깊은 통찰력을 가지고 있고, 역사적인 비전을 제시하며, 미래에 대하여 함축적 의미를 부여한다. "나는 지금 이 세대를 향한 하나님의 목적을 이루기 위해 여기에 존재하며, 그분이 나에게 주신 것으로 다음 세대가 더 큰 일을 할 수 있도록 돕기 위해 여기에 있는 것이다." 그것은 기하급수적인 은사로, 국가들을 향하여 예언을 선포하는 것이다.

8. 요르단

1990년대 중반, 나는 신앙의 멘토인 척 플린 박사와 함께 요르단을 여행하였다. 우리는 예언사역을 하기 위해 그곳에 갔는데, 이는 요르단에서 전례가 없는 일이었다.

우리가 방문한 교회는 900-1,000명 정도가 모이는 교회였다. 집회에서 말씀을 전하기 위해 자리에서 일어서는데, 성령님이 갑자기 저지하시며 "예언하라"고 말씀하셨다. 나는 "예, 주님. 그런데 어느 쪽이 기독교 신자인가요?" 하고 물었다.

그 순간 주님께서 부드러운 말로 훈계하셨다. "나는 내 백성들뿐 아니라 아직 어두움 가운데 있는 사람들에게도 예언의 말씀을 주는 하나님이 아니냐?"

나는 누가 구원받았는지, 구원받지 못했는지 알지 못한 채 주님의 말씀에 순종하여 믿음으로 나아갔다. 내 영은 벅찬 감동으로 요동쳤으며, 성령의 인도하심을 따라가기 시작했다. 그 순간, 치유의 기름부음이 위로 향함을 느꼈다. 나는 믿음의 은사와 더불어 이제 사역할 바로 그 사람을 부르기 위해 오신 거룩하신 하나님의 임재 가운데 있었다.

나는 손가락으로 회중을 가리키며 파노라마에서 본 장면을 설명하였다. "저쪽에 32세 아드님을 둔 여성이 계십니다. 아드님은 트럭에 치여 하반신이 마비되었고, 지금 휠체어에 탄 채 집에 있군요. 아들에게 지금 전화해 보세요. 그러면 그가 치유되었다는 것을 알게 될 겁니다."

우리는 나중에 간증을 통해 그녀가 무슬림이었음을 알게 되었다. 그녀는 예언의 말씀을 들으며 주변의 친구들에게 "어떻게 저분이 내 아들이 마비된 것을 아시지?" 하며 흥분해서 외쳤다. 그리고 즉시 교회 사무실로 뛰어가 집으로 전화를 걸었다. 수화기 너머에서 그녀의 아들이 말했다. ""뭔가 다리에 진동하듯 퍼지고 있어요. 다리에 불같은 것이 느껴져요!"

그녀는 곧바로 집으로 달려가 아들과 남편을 데리고 돌아왔는데, 놀랍게도 아들은 이미 다 나아 있었다. 그날 그녀의 가족 모두 예수님을 구세주로 영접하였다. 또한 그녀의 친구 두세 명과 이웃에서 데려온 다섯 명의 가족도 구원을 받았다. 그들은 모두 그녀의 아들이 오래도록 휠체어에 의지하여 지낸 것을 알고 있었다. 놀라운 일을 행하신 주님을 찬양하라!

그날 밤 나는 무작위로 열두 명을 불러냈는데, 파노라마적인 예언의 말씀은 매우 구체적이었다. 그 후 기름부음이 위로 올라가는 것을 느꼈고, 더 이상 사역에 대한 감동을 느끼지 못하였다.

예배가 끝나자 한 자매가 눈물을 흘리며 다가오더니 내 발에 손을 대며 무릎을 꿇었다. 매우 생소한 경험이었는데, 아마도 감사를 표하는 중동의 관습 같은 것이 아니었나 싶다.

그녀가 말하였다. "나는 요르단 후세인 왕의 공보 비서입니다. 사실 저는 목사님이 예배에서 이슬람에 대해 조금이라도 부정적인 말을 하는 즉시 체포하기 위해 경호원들과 함께 이곳에 파견되었습니다. 그런데 오늘 밤 목사님이 호명하신 저를 포함한 열세 명 모두가 요르단 왕실의 직원입니다. 우리는 매일 요르단 왕과 함께 일하고 있습니다."

이것은 결코 우리가 속한 세상의 방법이 아니었다. 그야말로 경이로운 주님의 표적이요, 이적이라고 할 수밖에 없었다. 집회에서 예언의 말씀을 받은 열세 명(하반신 마비에서 나음을 받은 아들을 둔 여성 포함)은 그 후 3-4일 동안 그들이 받은 예언을 아랍어로 써서 요르단 왕 앞에서 읽었다고 한다.

후세인 왕은 친절하게도 나와 플린 박사에게 다음과 같은 편지를 보냈다. "미국에서 목회자들로 구성된 대표단을 왕실로 모셔와 주십시오. 당신이 내 직원들에게 한 것처럼 이곳에서 하나님의 말씀을 전해 주시면 좋겠습니다."

할렐루야! 주님은 참으로 놀랍게 역사하셨다!

전에는 그의 모양이 타인보다 상하였고 그의 모습이 사람들보다 상하였으므로 많은 사람이 그에 대하여 놀랐거니와 그가 나라들을 놀라게 할 것이며 왕들은 그로 말미암아 그들의 입을 봉하리니 이는 그들이 아직 그들에게 전파되지 아니한 것을 볼 것이요 아직 듣지 못한 것을 깨달을 것임이라 (사 52:14-15)

회복의 사역

예수님이 열정적으로 성취하신 모든 사역의 목적은 허물과 죄악으로 우리가 잃어버린 것들을 회복하시는 것이었다. 그의 찔림, 상함, 징계, 그리고 채찍에 맞음으로 우리가 치유되었다. "그가 찔림은 우리의 허물 때문이요 그가 상함은 우리의 죄악 때문이라 그가 징계를 받으므로 우리는 평화를 누리고 그가 채찍에 맞으므로 우리는 나음을 받았도다"(사 53:5).

이러한 이유로, 주님의 얼굴은 우리를 향하시고, 우리를 회복시키신다. 그리고 그분은 우리에게 성령의 은사를 더하시는데, 특히 예언과 지혜의 말씀, 지식의 말씀, 각종 방언 말함, 방언 통역과 같은 음성을 통한 은사를 주신다.

어떤 사람에게는 성령으로 말미암아 지혜의 말씀을, 어떤 사람에게는 같은 성령을 따라 지식의 말씀을, 다른 사람에게는 같은 성령으로 믿음을, 어떤 사람에게는 한 성령으로 병 고치는 은사를, 어떤 사람에게는 능력 행함을, 어떤 사람에게는 예언함을, 어떤 사람에게는 영들 분별함을, 다른 사람에게는 각종 방언 말함을, 어떤 사람에게는 방언들 통역함을 주시나니 (고전 12:8-10)

요르단 집회는 영적 장벽을 무너뜨려 그 민족이 예언사역 안으로 들어오게 만들었다. 예수 그리스도의 증언은 '예언의 영'이다.

내가 그 발 앞에 엎드려 경배하려 하니 그가 나에게 말하기를 나는 너와 및 예수의 증언을 받은 네 형제들과 같이 된 종이니 삼가 그리하지 말고 오직 하나님께 경배하라 예수의 증언은 예언의 영이라 하더라 (계 19:10)

이제 잠시 십자가에 못 박히신 예수님의 고난을 묵상해 보자. 그분의 얼굴은 심하게 상해 있었다. 한눈에 보기에도 매를 많이 맞아 눈은 멍들었고, 눈꺼풀은 찢기고 부어 있었으며, 여러 곳이 크게 터져 피가 흐르고 있었다. 당신이 너무 많이 맞아서 얼굴의 형태를 알아볼 수 없는 상태라고 상상해 보라. 예수님의 고난을 제대로 헤아릴 수 있는 사람은 아무도 없을 것이다.

다시 요르단 사역으로 되돌아가 보자. 모든 것은 그 나라에서 전례가 없는 예언사역을 회복시키기 위한 것이었다. 그곳에서 나는 하나님의 백성과 그 나라를 위해 파노라마 사역을 하였다. 예언사역이야말로 진지하게 임해야 하는, 결코 가볍게 여길 수 없는 것이다.

> 어떤 사람은 그에게 침을 뱉으며 그의 얼굴을 가리고 주먹으로 치며 이르되 선지자 노릇을 하라 하고 하인들은 손바닥으로 치더라 (막 14:65)

예루살렘 법정에서 심문당하시는 예수님을 생각해 보라. 사람들은 주님뿐만 아니라 그분의 지식의 말씀까지도 조롱했다. 하지만 우리가 예수의 이름으로 예언사역을 할 때, 사람들은 그분의 완전한 형상으로 회복될 것이다. 또한 예언사역은 한 민족을 흔들어 놓으며, 심지어 왕들까지 침묵하게 만든다.

성령의 은사는 성령의 열매로 이어진다. "그 옷 가장자리로 돌아가며 한 금 방울, 한 석류, 한 금 방울, 한 석류가 있게 하라"(출 28:34). 대제사장의 옷에 달린 금방울은 성령의 은사로 예언되는 말씀 선포이며, 석류는 선포된 예언의 말씀이 결실을 맺는 성령의 열매라고 할 수 있다.

방언과 예언에 대해 언급한 고린도전서 14장을 보면, 예언은 사람에게 말하여 덕을 세우고 권면하며 안위하는 것이다. 사도 바울은 22절에서 예언이 믿는 사람들을 위한 것이라고 말한다. "그러므로 방언은 믿는 자들을 위하지 아니하고 믿지 아니하는 자들을 위하는 표적이나 예언은 믿지 아니하는 자들을 위하지 않고 믿는 자들을 위함이니라"(고전 14:22). 예언은 믿는 자들이 회개하고 믿는 데로 나아가게 한다.

　이어서 25절에서는 예언의 은사를 통해 성도의 속마음까지 꿰뚫어 보고, 죄를 지적하며, 양심을 일깨우고, 지금까지 깨닫지 못한 점을 드러내어 하나님이 진정 그들 가운데 있다고 고백하며, 그분의 존재를 인정하고 경배하며 증거하게 한다. "그 마음의 숨은 일들이 드러나게 되므로 엎드리어 하나님께 경배하며 하나님이 참으로 너희 가운데 계신다 전파하리라"(고전 14:25).

　그러므로 예언을 멸시하지 말라(살전 5:20). 예언은 예수님의 거룩한 피값으로 산 성령의 은사로, 교회의 덕을 세우며 사랑의 공동체에 기여한다. 어쩌면, 예언사역은 요르단 집회에서처럼 당신을 왕들 앞으로 인도할지도 모른다.

9. 파노라마 발전시키기

우리는 이미 보이지 않는 두 개의 영역, 즉 우리가 접근하지 말아야 할 불가사의한 영역과 우리가 가야 할 영역인 예수님의 완전한 기름부음이 흘러넘치는 초자연적인 영역에 대하여 정의한 바 있다. 보이지 않는 초자연적 영역인 하나님 나라는 언제나 당신 가까이에 있다. 사실, 그 나라와의 접점이 우리 안에 있는 영의 사람spirit-man 안에 있기 때문에, 엄밀히 말해 당신이 어디를 가든 하나님 나라를 가지고 다니는 것이다. 참으로 하나님 나라가 당신 손에 있다. 그 일부가 당신 가운데 있기 때문이다.

당신이 무언가를 볼 수 없다고 해서, 그것이 없는 것이 아니다. 이것은 우리가 자연적인 눈으로 자외선과 적외선을 구분하여 볼 수는 없지만, 그것들이 분명 존재하는 것과 같다. 핵심은 보이지 않는 영역을 인식하는 법을 개발하는 것이다. 그것이 바로 파노라마 사역과 예언자 사역의 본질이다.

유대인들이 왜 예수님를 죽이려고 했는지 아는가? 그렇다. 자신이 하나님이라고 주장하셨기 때문이다. 구체적으로 말하자면, 아버지가 보이지 않는 영역에서 무엇을 하고 계시는지 본다고 주장하고, 그 하나님을 이 지구상에서 정확하게 드러내셨기 때문이다. 즉, 하나님 아버지께서 하늘에서 하시는 것을 완벽하게 재현하여 눈에 보이지 않는 일을 눈에 보이게 나타내셨기 때문이다. 예수님께서 안식일에 치유하신 것은 하나님 아버지께서 안식일에 치유하시는 것을 보셨기 때문이다. 주님은 자신이 보신 그대로 행하신 것이다.

> 예수께서 그들에게 이르시되 내 아버지께서 이제까지 일하시니 나도 일한다 하시매 유대인들이 이로 말미암아 더욱 예수를 죽이고자 하니 이는 안식일을 범할 뿐만 아니라 하나님을 자기의 친 아버지라 하여 자기를 하나님과 동등으로 삼으심이러라 그러므로 예수께서 그들에게 이르시되 내가 진실로 진실로 너희에게 이르노니 아들이 아버지께서 하시는 일을 보지 않고는 아무 것도 스스로 할 수 없나니 아버지께서 행하시는 그것을 아들도 그와 같이 행하느니라 아버지께서 아들을 사랑하사 자기가 행하시는 것을 다 아들에게 보이시고 또 그보다 더 큰 일을 보이사 너희로 놀랍게 여기게 하시리라 (요 5:17-21)

보는 자^{Seer}(여기서 이 개념은 '파노라마 예언자'라는 의미이다 - 역자 주)는 모두 예언자이다. 그런데 예언자가 모두 보는 자는 아니다. 모두가 보는 자는 아니지만, 모든 그리스도인이 영적인 눈을 가리고 있는 비늘을 벗겨내어 하나님과의 친밀함으로부터 오는 파노라마 예언자의 생활 방식을 키우도록 최선을 다해야 한다. 당신의 영적인 눈은 열려 있는가?

예언적 파노라마 사역은 하나님과 대면하게 하고, 예수님처럼 이 땅에서 하늘의 것을 보고 그것을 전하는 것이다. 이러한 일을 하는 사람들이 바로 예언자들이다. 그들은 영계에서 어떤 것을 볼 때, 마치 미래의 일이 아니라 바로 지금 일어나는 것처럼 말한다. 때로는 그것이 문제가 되기도 하는데, 그들에게는 완전히 살아 움직이는 것처럼 생생하게 보이기 때문이다. 만약 하나님이 미래에 일어날 일을 보여 주시는 경우라면, 그 일이 일어날 시기를 정확하게 분별해 내는 데 어려움이 있다.

파노라마 예언자의 현재적 권위에 대한 원칙이 있다. 그것은 예언자적 비전 가운데 하늘에서 보고 듣는 것을 보이지 않는 움직임으로 간주하여 현재 우리가 존재하고 있는 영역으로 방출해 내는 능력이다. 다른 말로 설명하자면, 그들은 하나님의 기름부음을 드러내는 사역을 하는 것이다. 여기에 파노라마 예언자의 기사와 이적이 있으며, 이것이 바로 치유의 기름부음에 예언적 사역이 동반되어야 하는 매우 중요한 이유라고 확신한다. 만약 우리가 천국의 박수갈채를 받을 정도의 기사와 이적을 보지 못한다면, 그것은 부분적으로 우리가 예언적 사역을 적용하지 않기 때문이다. 더 구체적으로는 우리가 해야 할 만큼의 예언적 사역을 실천하지 않기 때문일 것이다.

우리는 엘리야의 예를 통하여 기적을 일으키는 예언자적 사역의 확장을 보게 된다. 또한 욥도 열린 하늘의 기적을 보았다. 예수님이 선지자 중 가장 큰 자라고 칭찬하신 세례 요한이 주님의 길을 예비한 것은 예언적 사역의 가장 훌륭한 예라고 할 수 있을 것이다(눅 7:28 참고). 그런데 생각해 보라. 이 예언자가 백성에게 선포한 말씀은 무엇이었는가? 바로 회개이다.

악한 동기를 드러내다

파노라마 예언자와 같은 유형의 예언자들은 성령의 흐름을 방해하는 사람들의 악한 동기를 드러낸다. 그들은 하나님의 임재를 인식하지 못하게 가로막는 마음의 생각과 의도를 드러낸다. 따라서 예언자는 그들에게 맡겨진 사람들을 향하여 언제나 유순한 심령으로 나아가야 한다. 그렇지 않으면 긍휼과 사랑의 동기에서 비롯되지 않은 정죄로 가혹함과 무례함을 범하게 된다. 이른바 '정죄하는 예언자'가 되는 것이다. 하지만 참된 예언자의 일차적인 모형은 비난 가운데에서도 백성을 향한 하나님의 사랑에 대한 지식을 확장시키는 것이다.

파노라마 사역은 예언적 봉인을 떼고 불순종으로 어두워진 사람들의 눈을 가리고 있는 비늘을 벗겨낸다.

너희는 놀라고 놀라라 너희는 맹인이 되고 맹인이 되라 그들의 취함이 포도주로 말미암음이 아니며 그들의 비틀거림이 독주로 말미암음이 아니니라 대저 여호와께서 깊이 잠들게 하는 영을 너희에게 부어 주사 너희의 눈을 감기셨음이니 그가 선지자들과 너희의 지도자인 선견자들을 덮으셨음이라 (사 29:9-10)

이것은 참으로 쉽지 않은 일이다. 예언자의 모든 비전이 마치 봉인된 책처럼 되어 버렸고, 그 비전을 가져온 사람들이 그것을 읽을 수 없다고 선언한다. 그러나 18-19절에서 흥분된 어조를 읽을 수 있다. "그 날에 못 듣는 사람이 책의 말을 들을 것이며 어둡고 캄캄한 데에서 맹인의 눈이 볼 것이며 겸손한 자에게 여호와로 말미암아 기쁨이 더하겠고 사람 중 가난한 자가 이스라엘의 거룩하신 이로 말미암아 즐거워하리니." 여기서 맹인의 눈이 볼 것이라고 선포하며, 겸손한 자가 하나님으로 인하여 즐거워할 것이라고 약속한다.

정말 예언자가 사람들의 눈을 가리는 비늘을 걷어낼 수 있을까? 예언적 사역이 사람들을 보지 못하도록 방해하는 마귀의 역사를 물리칠 수 있을까? 물론 그렇다. 사람들의 눈이 멀게 되는 가장 큰 이유는 무엇일까? 그것은 바로 우리의 완고함 때문이다. 우리는 자신이 보고 싶은 것만 보려 하는 경향이 있다.

솔직히 말해서 대부분의 교회들이 예언적 사역을 전적으로 받아들이지 않고 있다. 그들은 변화의 여지가 보이는 경우에만 예언을 허용한다. "사람들이 보게 놔두면 안 돼!"라고 경계하는 것이다. 이것이 바로 우리가 "예언을 멸하지 말라"고 훈계하는 이유다(살전 5:20). 이러한 상황에서는 성령께서 역사하실 수 없다.

나는 데살로니가전서 5장 21절의 "범사에 헤아려 좋은 것을 취하고"라는 말씀을 기억한다. 하지만 여기서 "헤아려"라는 말씀은 무분별함을 의미하지 않는다. 우리는 선한 것을 붙잡아야 한다. 이것이 분별력이다. 우리는 여기서 벗어날 수 없다.

사랑의 마음으로 당신에게 말하고 싶은 것이 한 가지 있다. 어쩌면 이것은 머리카락이 쭈뼛 설 정도로 강한 어조일 수 있다. 그것은 예언적 사역을 목회에 지나치게 적용하게 되면, 사역의 강도가 점점 약해진다는 것이다.

이 책의 전체적인 맥락은 은사에 있어서 겸손과 순종의 필요성을 강조한다. 나는 예언자가 자신이 속한 공동체의 영적 리더십에게 순복해야 한다고 믿는다. 그러나 대부분의 사람들은 예언자들이 순복하지 못하는 사람들이라고 오해하는 것 같다. 왜냐하면 그들이 매우 권위적이며, 하나님의 마음을 대신 전하는 사람들이라고 생각하기 때문이다. 또한 그들이 여러 면에서 균형이 잡혔고, 교리적으로 건전하다고 생각하기 때문이다. 즉, 누군가에게 순복할 만한 위치에 있는 사람들처럼 보이지 않는다고 생각하는 것이다.

예언자들은 한 성읍의 요새를 꿰뚫어보는 사람, 멀리 보는 자이며 감지하는 사람이다. 그런 만큼, 때로 예언자들은 회중에게서 떨어져 있을 필요가 있다. 이것은 무리를 떠나 의절하라는 말이 아니다. 단지 지나치게 얽매이지 말라는 것이다.

아모스 8장에서 우리는 하나님께서 육적인 떡이나 물이 아니라 하나님의 말씀의 기근을 주시는 것을 볼 수 있다. 모든 사람이 이리저리 말씀을 찾아다니나 결국 찾지 못했다. 우리가 속한 나라가 말씀의 기근 때문에 영적으로 굶주린 나라가 되지 않도록 기도해야 한다.

하나님의 위대함을 나타내다

바울은 에베소서 1장 17-19절에서 지혜의 영으로 계시를 구하는 목적이 하나님을 아는 지식과 우리의 소명과 유업을 아는 동시에 우리를 향한 주님의 능력의 위대함을 알기 위함이라고 말한다.

이어지는 에베소서 3장 8-10절에서는 하나님의 지혜를 언급하는데, 그리스도의 사랑과 능력과 용기와 은혜가 바로 그 안에서 드러나고 있다. 눈이 멀었을 때, 우리가 원하는 것이 바로 이것이다. 봉인된 예언의 우물이 다시 열리는 것 말이다. 그것이 모사의 영이며, 기적을 풀어놓는 능력이다(사 11:1-4 참고). 이 목적을 위해 우리는 반드시 '보아야' 한다. 그것은 우리로 모사의 영과 능력을 지각할 수 있게 한다.

파노라마로 사역하면서 확신하는 것은 파노라마 예언의 기름부음이 반드시 기적을 낳는다는 것이다. 파노라마로 계시된 것을 선포하고, 보이지 않는 믿음의 영역에서 나온 말을 나눔으로써 사람들이 치유되고 기적이 역사하게 된다. 여기서 기적은 그냥 변화되는 것이 아니다. 가장 적절한 표현은 '기적은 치유하는 변화'라는 것이다. 치유하시는 십자가의 은혜로 얻게 된 언약적 권리와 특권을 누리는 것이다. 그런데 보이지 않는 영역을 보며 말하기 위해서는 그 언약을 풀어주는 촉매제로 예수님처럼 하나님과 완벽하게 일치하여 움직이는 능력이 요구된다.

중요한 것은 우리의 언어가 표적과 기사로 강력해진다는 것이다. 히브리서 2장 4절을 읽어 보자. "하나님도 표적들과 기사들과 여러 가지 능력과 및 자기의 뜻을 따라 성령이 나누어 주신 것으로써 그들과 함께 증언하셨느니라." 또한 마가복음 16장 20절은 다음과 같이 말한다. "제자들이 나가 두루 전파할새 주께서 함께 역사하사 그 따르는 표적으로 말씀을 확실히 증언하시니라."

예언적 사역은 예수님이 십자가에서 희생하심으로 성취된 복이 실현되도록 돕는다. 이 사역은 또한 사역을 받는 사람들에게 이미 약속된 것, 즉 그리스도와의 관계 가운데 주어진 것들을 주장하게 한다. 만약 우리가 이미 사역 가운데 베풀어진 약속의 증거들을 보지 못하고 있다면, 그것은 아마도 파노라마 예언사역의 흐름이 막혀서일 가능성이 크다.

'만약에 그렇게 안 되면 어쩌지?' 하는 의심을 버리고 "믿음의 기도는 병든 자를 구원하리니"(약 5:15)라고 약속하신 말씀대로 믿음으로 기도하라. 마가복음 16장 18절은 "뱀을 집어올리며 무슨 독을 마실지라도 해를 받지 아니하며 병든 사람에게 손을 얹은즉 나으리라"고 말한다. 선택의 여지가 없다. 믿음의 기도는 100퍼센트 꽉 찬 기도여야 한다. 그렇지 않으면 읊조리는 말에 불과하다.

믿음의 기도는 병든 자를 구원한다. 그런데 사람들이 진정한 하나님의 영광을 보지 못하기 때문에 믿음의 기도가 우러나오지 못하는 것이다. 믿음 없는 기도는 단지 문자와 선율이며, 능력 없는 말일 뿐이다.

믿음의 말은 반드시 예언적 사역을 풀어놓는다. 그렇지 않으면 사역자의 기도는 큰 좌절을 경험하게 된다. 우리의 기도가 하나님의 영으로 감동된 믿음이 흘러넘치는 기도가 아닌지 어떻게 알 수 있는가? 믿음의 영역에서 나온 예언적 선포는 기적들이 일어나지 못하게 방해하는 근본적인 원인을 인지하게 하는 예언적 기능이다. 치유사역에서 영으로 보는 일이 일어나지 않을 것이라고 말하지 말라. 우리는 기적의 예언사역을 부정하거나 최소화할 수 없다.

여기에 주권적 영역이 존재하지 않거나 하나님을 대신하여 은혜를 베풀어 주는 행위로서 믿음의 수준에 맞는 치유의 기름부음이 존재하지 않는다는 말이 아니다. 하나님은 우리를 사랑하시며, 우리를 향하여 치유의 손을 내미신다. 어느 누구도 생명을 위협하는 상황에서 우리가 지은 모든 죄와 의심에 대하여 일일이 따지고 생각할 수 없다. 그러므로 앞서 언급할 것들을 그들이 치유받지 못한 이유로 받아들이지 않기를 바란다. 그것은 단지 고려해야 할 요소 중 하나이다. 또한 우리는 하나님이 절대 주권자시라는 사실을 결코 잊지 말아야 한다.

"하나님이 바울의 손으로 놀라운 능력을 행하게 하시니 심지어 사람들이 바울의 몸에서 손수건이나 앞치마를 가져다가 병든 사람에게 얹으면 그 병이 떠나고 악귀도 나가더라"(행 19:11-12). 이것이 바로 치유의 기름부음이 흘러나오는 주권적 행위이다. 사도행전 5장 11-16절과 10장 38절을 참고하여 기름부음에 대하여 생각해 보라.

그러나 이 모든 것과 함께 내가 전달하고자 하는 한 가지 원리가 있다. 바로 파노라마 예언사역에서 늘 사용하는 계시적 은사들이 지식의 말씀과 지혜의 말씀이라는 것이다. 이것들은 고린도전서 12장 8절과 10절에서 말하는 바와 같이 방언과 통변을 포함하여 보이고 들리는 예언을 통해 영을 분별하는 아주 중요한 은사들이다. 성령님은 이 은사들을 사용하셔서 예수 그리스도께서 완성하신 역사를 통해 천국의 영역을 우리에게 주신 약속 안으로 가져오신다. 이 예언적 은사들은 시각화되어 나타나고 기적을 통하여 완성된다.

예언사역은 치유와 표적, 이적, 기사를 풀어내는 기름부음의 가장 위대한 열쇠 중 하나이다. 하나님의 무한한 능력으로 예언적이고 사도적 영역인 그분의 영광으로 들어가는 것이다.

예언적 중보기도

파노라마는 예언적 중보기도에도 관여할 수 있다. 몇 단락으로 나누어 두 가지 정도의 원리를 이야기해 보겠다.

기본적으로 중보기도는 영적 전쟁의 강력한 장막이다. 중보기도자의 주요 책임 중 하나는 약속을 주시고, 그것을 반드시 이루시는 하나님을 상기시키는 것이다. 우리에게는 아직 성취되지 못한 예언에 있어서 보는 눈과 듣는 귀가 필요하다.

예루살렘이여 내가 너의 성벽 위에 파수꾼을 세우고 그들로 하여금 주야로 계속 잠잠하지 않게 하였느니라 너희 여호와로 기억하시게 하는 자들아 너희는 쉬지 말며 또 여호와께서 예루살렘을 세워 세상에서 찬송을 받게 하시기까지 그로 쉬지 못하시게 하라 (사 62:6-7)

게다가 중보기도자들은 사람들 대신 하나님 앞에서 책임을 맡은 이들이다. 그들은 누군가에게 일어난 불의에 아파하며 주님께 그것을 해결해 달라고 간청하는 자들이다.

성실이 없어지므로 악을 떠나는 자가 탈취를 당하는도다 여호와께서 이를 살피시고 그 정의가 없는 것을 기뻐하지 아니하시고 사람이 없음을 보시며 중재자가 없음을 이상히 여기셨으므로 자기 팔로 스스로 구원을 베푸시며 자기의 공의를 스스로 의지하사 (사 59:15-16)

중보기도자는 울타리를 세우고, 전쟁에 대비하여 성벽을 쌓는 역할을 한다. 그들은 하나님의 백성들을 보호하는 일에 쓰임 받는다. 이것은 매우 중요한 역할로, 절대 가볍게 여겨서는 안 된다. 파노라마 사역의 심층적 속성은 이런 종류의 방어를 위한 전투기도에 예언적 요소를 더하는 것이다.

이스라엘아 너의 선지자들은 황무지에 있는 여우 같으니라 너희 선지자들이 성 무너진 곳에 올라가지도 아니하였으며 이스라엘 족속을 위

하여 여호와의 날에 전쟁에서 견디게 하려고 성벽을 수축하지도 아니하였느니라 (겔 13:4-5)

또 무너진 성벽 틈에 서서 그것을 다시 쌓고 틈새를 메우는 것도 중보기도자의 중요한 역할이다. 파노라마 예언사역의 분별력은 하나님의 의로운 심판과 백성을 위한 깊은 간구 사이에 선 기도의 용사의 능력을 높이고 강화시킨다.

이 땅을 위하여 성을 쌓으며 성 무너진 데를 막아 서서 나로 하여금 멸하지 못하게 할 사람을 내가 그 가운데에서 찾다가 찾지 못하였으므로 내가 내 분노를 그들 위에 쏟으며 내 진노의 불로 멸하여 그들 행위대로 그들 머리에 보응하였느니라 주 여호와의 말씀이니라 (겔 22:30-31)

이 모든 것은 중보기도자가 예언자와 제사장의 역할을 통합한 것임을 보여 준다. 제사장은 하나님 앞에서 백성의 필요들을 간청하고, 예언자는 백성을 대신하여 하나님의 관심을 구하였다.

만일 그들이 선지자이고 여호와의 말씀을 가지고 있다면 그들이 여호와의 성전에와 유다의 왕의 궁전에와 예루살렘에 남아 있는 기구를 바벨론으로 옮겨가지 못하도록 만군의 여호와께 구하여야 할 것이니라 (렘 27:18)

예언적 중보기도는 하나님으로부터 즉각적으로 기도응답을 받을 수 있도록 능력을 키우고, 특정한 상황에서 하나님의 능력을 베푸는 영감을 받은 언어와 결합된다. 그런데 파노라마 예언사역이 이것을 가능하게 한다. 그렇다. 파노라마 예언사역의 요소를 더함으로 영적 전쟁에서 중보기도자들의 승리가 확고해진다.

우리의 싸우는 무기는 육신에 속한 것이 아니요 오직 어떤 견고한 진도 무너뜨리는 하나님의 능력이라 모든 이론을 무너뜨리며 (고후 10:4)

파노라마는 중보기도자가 하나님의 짐(그분의 말씀, 생각, 경고, 조건, 약속, 비전 등)을 듣고, 보고, 받기 위해 하나님 앞에서 기다리고 분별하는 데 도움이 된다. 또한 적절한 반응으로 백성이 주님께 나아오도록 돕는다. 분별력 있는 중보기도자는 파노라마 기름부음을 발전시키는 일을 소홀히 하지 않는다.

그러면 우리는 이 사역을 어떻게 발전시킬 수 있을까? 어떻게 기름부음을 귀하게 여기며, 보이지 않는 세계를 볼 수 있는 눈을 뜰 수 있을까? 보는 능력은 우리의 이해와 직결된다(엡 1:18 참고).

주의해야 할 것들

우리가 조심해야 할 한 가지 요소는 낙심이다. 과거에 주님이 우리를 위해 행하신 일을 잊지 말라. 사람들은 종종 기억하지 못하기 때문에 보지 못한다. 그들은 하나님이 하신 일뿐만 아니라 그분이 어떤 분이신지를 잊고 낙심한다. 이것이 큰 문제인 것은 과거의 경험이 지금 일어나고 있는 기적을 어떻게 보느냐와 연관되기 때문이다. 기적(혹은 기적의 결여)에 대한 과거의 반응은 미래의 반응에도 지대한 영향을 미친다. 잠시 시간을 내어 이 문장을 다시 한 번 읽고, 나의 의도를 이해하기 바란다.

사람들이 이전에 본 것을 잊어버리면, 장차 보게 될 것을 경계하게 된다. 우리는 간증의 본질적인 능력을 결코 잊어서는 안 된다. 지금까지 나눈 것들이 오늘의 삶에도 여전히 중요함을 간과하지 말라.

> 제자들이 서로 수군거리기를 이는 우리에게 떡이 없음이로다 하거늘 예수께서 아시고 이르시되 너희가 어찌 떡이 없음으로 수군거리느냐 아직도 알지 못하며 깨닫지 못하느냐 너희 마음이 둔하냐 너희가 눈이 있어도 보지 못하며 귀가 있어도 듣지 못하느냐 또 기억하지 못하느냐 내가 떡 다섯 개를 오천 명에게 떼어 줄 때에 조각 몇 바구니를 거두었더냐 이르되 열둘이니이다 또 일곱 개를 사천 명에게 떼어 줄 때에 조각 몇 광주리를 거두었더냐 이르되 일곱이니이다 이르시되 아직도 깨닫지 못하느냐 하시니라 (막 8:16-21)

영적 시야를 넓히기 위해 우리의 마음이 굳어지지 않도록 주의해야 한다. 우리는 힘겨운 삶에 치여 하나님 아버지를 바라보는 것에 대해 무감각해지고, 그 굳은살들은 결국 우리의 눈을 가리는 비늘이 된다.

세상의 염려와 재물의 유혹과 기타 욕심이 들어와 말씀을 막아 결실 하지 못하게 되는 자요 (막 4:19)

"그러므로 성령이 이르신 바와 같이 오늘 너희가 그의 음성을 듣거든 광야에서 시험하던 날에 거역하던 것 같이 너희 마음을 완고하게 하지 말라"(히 3:7-8). 그 하루하루가 바로 오늘이라는 것을 잊어서는 안 된다. 이것에 대해 진지하게 생각해 보기 바란다.

히브리서 기자는 3장 12-18절에서 마음이 굳어지는 원인으로 죄악을 지목한다. 죄는 정죄를 낳고, 정죄는 우리를 하나님으로부터 분리시킨다. 고립은 하나님에 대한 확신을 무너뜨린다(고립의 극복에 대한 가르침은 《춤추는 하나님의 손》을 참고하기 바란다).

이로써 우리가 진리에 속한 줄을 알고 또 우리 마음을 주 앞에서 굳세게 하리니 이는 우리 마음이 혹 우리를 책망할 일이 있어도 하나님은 우리 마음보다 크시고 모든 것을 아시기 때문이라 사랑하는 자들아 만일 우리 마음이 우리를 책망할 것이 없으면 하나님 앞에서 담대함을 얻고 무엇이든지 구하는 바를 그에게서 받나니 이는 우리가 그의 계명을 지키고 그 앞에서 기뻐하시는 것을 행함이라 (요일 3:19-22)

이 구절이 의미하는 바는 무엇인가? 우리의 마음은 혼적 영역의 하층부에 존재한다. 하나님은 가장 위대하신 분이다. 초자연적 세계를 포함하여 모든 세계에서 가장 높으신 분이다. 따라서 우리의 마음이 우리를 정죄하지 않는다면, 하나님의 영역에서 높이 올라왔다는 증거이다. 어떻게 하면 우리가 더 높은 영역에 있을 수 있을까? 하나님이 기뻐하시는 일을 하면 된다.

영적으로 보는 능력을 발전시키는 또 하나의 열쇠는 둔감함을 버리는 것이다(히 5:11, 14 참고). 이것은 예수님께서 경고하신 바리새인의 누룩(마 16:11-12)이다. 둔감함은 그야말로 성령의 음성을 똑똑히 들을 수 없게 만든다. 이것은 성령님의 음성을 분별하는 영적 감각을 죽이는 심각한 것이다. 영적 감각들은 오직 믿음으로만 살아나고 온전히 바로잡을 수 있다. 들리는 것들은 믿음과 연결되어 명백히 이해된다(히 4:2 참고).

예수님과 니고데모의 대화(요 3:1-6)를 통해 둔감성에서 벗어나야만, 물과 성령으로 거듭나야만, 영적으로 다시 태어나야만, 니고데모처럼 둔감함을 이기기 위해 싸워야만, 비로소 천국을 볼 수 있음을 알 수 있다.

신자의 삶에는 영적 이해와 인식이 필요하다. 우리는 "나는 하늘에도 있고, 너희 안에도 있다"고 말씀하시는 성령님을 믿는다. 하나님의 영이 실제로 우리 몸에 임재하신다는 것을 이해해야 한다. 그것이 얼마나 확실한지 이해하고 진심으로 안다면, 영적으로 우리 안에 있는 하나님 나라를 본다면, 우리가 원하는 기적의 흐름은 물처럼 자연스럽게 흘러갈 것이다. 따라서 파노라마 예언자의 치유사역은 기적에 있어서 매우 중요하다.

둔감한 마음, 영혼의 고립, 굳어진 심령, 낙심에서 벗어나 승리하는 것은 우리에게 매우 중요하다.

성도를 구비하는 일

교회는 분별하는 마음(내적 지식), 들을 수 있는 귀(내적 청각), 볼 수 있는 눈(내적 시각)을 개발하여 성도들을 구비시켜야 한다. 구비시킨다는 것은 에베소서 4장 8-16절에 언급된 것처럼, 그들을 무르익게 하여 영성에 깊이를 더하고, 믿음을 숙성시켜 영혼을 온전하게 한다는 의미이다. 이것은 아이들을 장성한 어른으로 양육하는 것과 같다. 사도가 길을 잃은 자의 삶에 들어가고, 복음전도자가 길을 잃은 자를 데려오는 것이다. 이것이 그리스도께서 가르치시고, 온전하게 하시고, 성숙시켜 주신 은사의 예언적·목회적 요소이다.

물론, 모든 오중사역이 다 성도를 구비시킨다. 그러나 특히 예언자와 목사가 성도들을 단련시켜 성숙한 그리스도인이 되게 한다. 그래서 예언사역과 목회가 연결되어야 하는 것이다. 그러나 대부분의 교회들이 그렇게 하지 않고 있다. 그리하여 하나님의 계획과 의도와는 다르게 수많은 성도들이 제대로 성장하지 못하고 있다. 이것은 진심으로 사랑을 담아 하는 말이다. 물론 여러 가지 예외가 있지만, 우리는 내면을 살피고 성령의 음성을 들어야 한다.

어떻게 나아가야 할지에 대해서는 예언자들을 통해 하나님의 음성을 들어야 한다. 그리고 그 계획을 진행하는 것은 목회자들이다. 이들은 본질적으로 똑같이 중요하다. 어느 하나가 더 중요한 것이 아니다. 사실 (사도적인 것과 더불어) 예언적인 것이 기초이긴 하다. 이것은 예수님께서 교회 가운데 세우신 계획의 밑그림이라고 할 수 있다. 사도나 예언자가 받침대나 디딤돌의 역할을 하지 않는 것은 마땅히 해야 할 바를 하지 않는 것이다.

예언자와 목사는 성도들이 내적 증거를 확고히 세우도록 돕는다. 양들이 주님의 음성을 듣고 하나님께 나아가도록 돕는다. 어떤 문제에 대하여 정확하게 분별하려면, 두 가지 음성이 필요하다(고전 13:1 참고). 이 음성들은 성도들로 믿음과 능력과 지혜가 충만한 스데반 집사 같은 사람이 되게 하는데(행 6:5-10 참고), 이것이 이사야가 말한 능력과 모사의 영이다(사 11:1-2). 예수 그리스도의 몸 된 교회 가운데 흐르는 '충만함'이 필요하다.

이렇게 길러진 성령의 내적 증거는 성숙으로 나타난다. 이것은 성도들이 영적 감각을 발휘할 수 있음을 보여 준다. 그들의 상상력은 정결해져서 정확히 판단하며, 그들의 마음에 감동을 주시는 하나님께 순복하고, 그들의 지성을 깨우친다(에베소서 1장 18절을 암송하기 바란다).

목사와 예언자는 성도들을 적절하게 가르치고 구비시켜서 영적 인식 능력을 사용하여 선과 악, 영적인 것과 혼적인 것을 구별할 수 있게 해야 한다. 두 직분은 혼적 묶임이 끊어지고 성령이 부어지는 성도의 삶에 돌파가 일어나는 과정을 시작한다(히 4:12 참고). 이러한 사람들은 단단한 음식을 먹을 준비가 되었다.

> 단단한 음식은 장성한 자의 것이니 그들은 지각을 사용함으로 연단을 받아 선악을 분별하는 자들이니라 (히 5:14)

감각은 사용하는 만큼 살아나게 되어 있다. 영적인 근육은 반드시 사용되어야 한다. 역기 같이 무거운 것을 들어올릴 때, 근육이 단단해지고 커지는 것이다. 성숙한 신앙을 가진 그리스도인들은 끊임없는 실천으로 영적 이해력이 훈련된 사람들이다. 그 훈련이 온전함을 만든다. 하나님께서 그의 백성을 어떻게 이끄시는지를 아는 내적 증거는 날카롭고, 팽팽하며, 빽빽하게 세워진 단단한 근육과 같다(잠시 시간을 내어 사무엘상 3장 6-12절을 읽어 보기 바란다).

거듭나서 새로운 피조물이 되면, 육신의 몸과 마찬가지로 영적인 눈, 코, 입, 귀 등을 지니게 된다(고전 15:46 참고). 이것들은 갈고 닦아야 하는데, 예언적이고 목회적인 은사를 통해 이것이 가능하다. 그들은 다음과 같이 성도들에게 질문한다. "들을 귀가 있습니까? 당신의 눈은 보입니까? 기름부음을 받았습니까?(계 3:18 참고) 내적 증거를 발전시키고 있습니까? 당신의 영에 들리는 것을 알아가는 것 같습니까?" 그들은 내적 증거가 영적 지식의 영역에서 온다고 가르친다.

> 보소서 주께서는 중심이 진실함을 원하시오니 내게 지혜를 은밀히 가르치시리이다 (시 51:6)

거듭난 영혼에 영적 감각기관이 깃들게 되는 것은 사실이지만, 빛이 없으면 볼 수 없고, 소리가 나지 않으면 들을 수 없다. 우리가 영적 영역에서 보고 듣고 아는 것은 아버지께서 우리에게 주신 빛과 진리에 바탕을 두고 있다.

하나님이여 내 속에 정한 마음을 창조하시고 내 안에 정직한 영을 새롭게 하소서 (시 51: 10)

이는 물과 피로 임하신 이시니 곧 예수 그리스도시라 물로만 아니요 물과 피로 임하셨고 증언하는 이는 성령이시니 성령은 진리니라 (요일 5:6)

분별의 영

빛이신 성령님은 우리의 목적과 갈망을 보여 주시고, 우리를 그리로 인도하셔서 진리에 대해 증거하신다. 그런 의미에서 하나님은 빛과 진리로 그의 백성을 인도하신다. 구약성경에 이것을 잘 드러내는 구절이 있다.

너는 우림과 둠밈을 판결 흉패 안에 넣어 아론이 여호와 앞에 들어갈 때에 그의 가슴에 붙이게 하라 아론은 여호와 앞에서 이스라엘 자손의 흉패를 항상 그의 가슴에 붙일지니라 (출 28:30)

총독이 그들에게 명령하여 우림과 둠밈을 가진 제사장이 일어나기 전에는 지성물을 먹지 말라 하였느니라 (느 7:65)

구약에서는 대제사장이 성막 안에 들어가서 하나님과 대면하였다. 제사장은 빛과 진리의 흉배인 우림과 둠밈을 가지고 하나님과 소통하였다. 우림과 둠밈의 문자적 의미는 '빛과 온전함'이다. 구약의 흉배와 에베소서 6장 14절에 나타난 신약의 의의 흉배를 비교해 보면, 그 의미가 얼마나 다른지 알 수 있다.

구약의 대제사장은 주님의 말씀을 들으러 갈 때, 이스라엘의 열두 지파를 대표하는 열두 개의 돌로 만들어진 흉배를 입었다. 안쪽에는 성스러운 주머니가 있었는데, 거기에 특별한 돌인 우림과 둠밈이 들어 있었다.

이 돌들이 어떻게 하나님의 뜻을 제사장에게 전달했는지는 분명하지 않다. 다만 그 이름들에 근거하여 제사장이 '예' 또는 '아니오'로 답할 수 있는 질문을 던졌을 것으로 추측된다. 이를테면 "주변의 이방 민족을 공격해야 합니까?" 하고 물으면, 그 돌들이 따뜻하게 빛나며 "그렇다, 공격하라"고 하거나, 아니면 같은 맥락으로 "아니다, 공격하지 말라"는 의미를 전달하였을 것이다. 이처럼 단순하게 역사하여 그 의미를 놓칠 수가 없었다.

그러나 그것은 그림자에 불과했다. 그 돌들은 십자가에 완전히 자리를 내어주었다. 그리하여 이제는 하나님의 뜻을 알려 주는 돌이 필요하지 않게 되었다. 중요한 것은 이제 인격이 없는 돌들을 통하지 않고 살아 계신 하나님과 직접적으로 깊이 소통하게 되었다는 것이다.

'빛들'을 뜻하는 우림은 '우르'라는 단어의 복수형이다. 우르는 '불꽃', '불빛'을 뜻하는 말로, 성령을 상징하며, '일출', '동이 트는 새벽', '빛이 임하는 것을 보는 자'라는 의미가 포함된다. 기억하라. 구약 시대에는 한밤중에 불을 피워야 빛을 낼 수 있었다. 그러므로 우림은 빛이 비치거나 빛을 보이거나 깨우침을 주거나 눈에 띄거나 불을 붙이는 것 등을 의미한다고 할 수 있다.

둠밈은 '온전함' 혹은 '온전한 것들'을 뜻하는 말로, '온전함, 무고함, 완전함, 순수, 단순성'을 의미하는 '톰'의 복수형이다.

'빛들'과 '온전한 것들'은 최고의 불과 진리(성령과 말씀)에 연결시킬 수 있다. 성령은 꺼지지 않는 불꽃으로 언급되는 경우가 많고, 성경은 정경이며 흠 없이 온전하다. 그것은 삼위일체의 두 번째 위격, 살아 있는 말씀이신 예수 그리스도를 문자로 기록한 것으로 엘로힘, 즉 지극히 높으신 주 하나님, 삼위일체 하나님을 계시한다. 그리고 엘로힘은 하나님의 위대하심, 즉 영광과 능력, 무한하신 카보드(영광으로 가득함이라는 의미 – 역자 주)를 나타낸다.

여기 아주 멋진 장면이 있다. 모든 빛과 온전함, 불과 진리의 나타남이며 우림과 둠밈의 예표이신 부활하신 그리스도께서 제자들을 깨우쳐 성경말씀을 이해시키셨다(눅 24:45 참고). 누가복음 24장 32절의 말씀을 보자. "그들이 서로 말하되 길에서 우리에게 말씀하시고 우리에게 성경을 풀어 주실 때에 우리 속에서 마음이 뜨겁지 아니하더냐 하고." 엠마오로 가는 제자들의 심령 가운데 예수님의 '빛들'과 '온전함'이 뜨거움으로 역사한 것이다. 그들은 비로소 영적으로 의의 흉배를 입게 되었다. 불(구원의 성령)은 그들이 진리(말씀)를 깨달을 수 있게 해주었다. 놀랍지 않은가! 여기서 '아멘'으로 화답하기 바란다.

이것을 어떻게 영적으로 적용할 수 있을까? 예수님의 보혈의 공로로 제사장이 된 성도는 하나님을 대면하기 위하여 나아갈 때마다 영으로 성령님의 증거를 받으리라 기대할 수 있다. 그들의 의지가 주님의 뜻에 순복하기까지 그분을 섬기면, 성령님이 그들의 영 안에 하나님의 진리를 증거하실 것이다. 그들이 기도하고 있는 특정한 상황에 대한 주님의 뜻을 알게 될 것이다. 이 모든 것은 하나님께서 어떻게 역사하시는지에 대한 이해에 근거한다.

파노라마 사역, 즉 파노라마를 보는 은사를 발전시키려면, 반드시 분별하는 영을 소유해야 한다. 또한 성도의 삶을 성숙시켜 기적적인 하나님의 영광의 능력으로 그분의 이름을 높이는 성품을 키우고자 하는 열정이 있어야 한다.

10.
예멘

    2,500만에 가까운 무슬림과 3천 명 정도 되는 소수의 그리스도인도인들이 살고 있는 예멘에서 예언사역으로 섬길 기회가 있었다. 우리는 그중 120-150명의 사람들을 알고 있었는데, 이슬람에 완전히 장악된 중동에서도 가장 어려운 지역에서 헌신하는 신실한 사람들이었다. 예멘은 날씨가 매우 덥고, 광활한 사막과 바위산에 둘러싸인 험준한 지형에, 문맹률도 인구의 절반이나 되는 어려운 나라였다.

    우리는 일반인이 참석할 수 있는 열린 집회를 준비하였다. 엄밀히 말해서 이슬람 국가에서 이런 집회는 불법이었지만, 다행히도 집회는 문제 없이 진행되었다. 회중은 우리가 아는 그리스도인들이 대부분이 없는데, 무슬림들도 제법 섞여 있었다. 나는 그들에게 천국의 영적 원리들을 가르쳐 무슬림 이웃을 전도하는 데 도움을 주고 싶었다. 모임에 참석한 대부분의 그리스도인들은 나의 가르침에 동의했지만, 몇몇은 거부했다.

사실 그 자리에 참석한 무슬림들과는 아무런 문제가 없었다. 오히려 소수의 믿음 없는 그리스도인들과 충돌이 있었다. 그들은 오랫동안 영적으로 척박한 환경에 눌려 위축되어 있다. 8천 대 1처럼 수적으로 열세인 상황에서 매일같이 믿음의 싸움을 싸워야 한다고 상상해 보라.

그러나 그렇다고 천국의 진리를 부정하는 것은 아니다. 성숙한 성도에게는 세상이 주목하는 담대함의 영이 있다. 그들은 두려워하지 않는다. 집회에 참석한 성도들은 훌륭한 사람들이었지만, 내가 전하는 말씀과 간증에 약간 당황했을 것이다. 왜냐하면 그들에게 천국의 본질은 개인적으로 제자가 되는 것이지, 더 많은 제자를 만드는 것은 아니었기 때문이다.

나는 거룩한 삶으로 부름 받은 사람들은 표적과 이적과 기사가 나타나는 삶을 증명해 보여야 한다고 믿는다. 그러한 삶은 다른 사람들의 마음에 주님의 제자가 되고 싶은 갈망을 심어 준다. 제자는 선한 성품과 성숙함을 지녔을 뿐만 아니라 말씀을 실천하며, 그리스도를 증거하는 사람이다.

나는 사랑으로 그들을 책망했지만, 그중 내가 나누는 것에 날을 세우는 이들도 있었다. 나는 그들에게 이렇게 말했다. "아시는 것처럼,

여러분 중에는 25년 동안 이곳에서 선교사로 있으면서 전도에 아무런 성과도 얻지 못한 분들도 있습니다." 물론 전도한다는 이유로 감옥에 가지 않는 곳이 훨씬 편하다는 것을 나도 잘 안다. 그러나 그리스도인은 그들이 어디에 있든, 그들의 숫자가 얼마인지와 관계없이 담대해야 한다.

나는 그들에게 말로는 하나님 나라를 오게 할 수 없으며, 반드시 능력이 나타나야 한다고 강조하였다. 나는 능력전도를 믿는다. 그것은 명확한 개념으로, 일어나 예수라는 이름의 유일하신 하나님을 선포하는 것이다. 예수님 외에 다른 신들은 모두 거짓이라고 외치며, 그것을 증명하기 위해 병자들을 일으켜 세우는 것이다. 그러면 하나님께서 그들을 치료하실 것이다. 이것은 간단하면서도 가장 효과적인 전도방법이다.

그러나 이것이 대부분의 예멘 선교사들에게는 마치 영어와 아랍어를 섞어 놓은 것 같은 낯선 개념이었을 것이다. 그들의 저항적인 태도가 계속되는 가운데 사건이 터졌다.

오른쪽 팔이 제대로 자라지 않은 35세가량의 무슬림 청년이 내 앞에 섰다. 그의 팔은 다섯 살 소년의 팔 크기로 오그라들어 있었다. 내가 그의 오른쪽 어깨에 손을 얹자 영적 파노라마가 펼쳐졌다. 작은 팔 위로 그의 나이에 맞는 팔 윤곽선이 나타나더니 어깨와 이두박근, 팔꿈치, 팔뚝, 손목 등이 그 안에 채워지는 것이 보였다. 이 환상은 내적 생각에서 나온 것으로, 그의 오그라든 팔 위로 파노라마 이미지가 겹쳐 보였다.

그에게 손을 얹자, 팝콘이 터질 때처럼 '툭툭툭' 하는 소리가 나면서 그의 어깨가 적당한 크기로 자라나기 시작하였다. 그의 어깨는 파노라마에 겹쳐져 보이던 온전한 형태로 꽉 채워졌다. 하나님께서 그 안에서 역사하고 계셨다.

그의 손목에 손을 얹었을 때도 똑같은 일이 일어났다. 손, 팔뚝, 팔꿈치, 그리고 어깨까지 파노라마에서 본 모양대로 채워졌다. 이 모든 과정이 거의 2-3분 만에 끝났다. 이것이 파노라마 치유사역인데, 나는 이것을 창조적인 기적이라고 부른다. 매우 낯선 개념이었지만, 예멘의 그리스도인들에게 말씀과 능력이 어떻게 조화를 이루는지 분명하게 보여 주었다.

그 남성은 흐느끼기 시작했고, 자신에게 일어난 기적에 놀라움을 금치 못하는 가운데 우리에게 이렇게 요청했다. "우리 마을에 와 주시겠습니까? 여기서 그리 멀지 않습니다. 마을에는 당신들이 사역할 사람들이 아주 많습니다." 이 남성이 무슬림이었다는 것을 기억하라.

우리 팀은 그 마을로 들어가 사역을 하였는데, 그곳에서 심각한 질병을 가진 모든 사람들, 소아마비 아이들, 몸이 기형인 사람들을 대상으로 사역하였다. 놀랍게도 그들은 100퍼센트 치유되었다.

우리는 어느 부부가 사는 집으로 안내되었는데, 그들은 마을에서 멀리 떨어진 곳에 살고 있었다. 집안으로 들어가 보니 남편이 귀신들려 있었다. 그는 매우 폭력적인 귀신이 들려 벽에 묶여 있었는데, 섬뜩할 정도로 소름끼쳤다. 그러나 자비로우신 하나님이 그 사람 안에 있는 귀신들을 모두 쫓아내셨다. 할렐루야!

이 사역 기간에 나는 하나님의 영이 3-4년 안에 예멘인들의 문화적 토양을 바꾸실 것이라고 예언하였다. 실제로 2년 후, 예멘 선교사 30여 명이 파노라마 사역을 사모하여 모이게 되었다. 그들은 '하프 앤 보울 미니스트리'harp and bowl ministry를 설립하여 사역을 시작하였는데, 한 마을에서 병든 사람들이 치유되면 놀라운 기적을 보기 위해 곧바로 다른 마을로 들어갔다. 그들이 가는 마을마다 수십 겹으로 둘러싸인 성령의 불이 일어나 표적과 이적과 기사들이 일어났다고 한다.

영국에 있을 때 그중 몇 사람을 만났는데, 그들은 예멘에서 영적 변혁이 시작된 이유 중 하나로 사람들이 기적을 목도하면서 나머지 삶의 영역에서도 자유로워지기를 원하게 되었기 때문이라고 말해 주었다. 지금도 예멘에는 여전히 영적 사역에 저항하는 무리가 있지만, 그 모든 것을 주관하시는 분이 하나님이심을 고백한다. 주님을 찬양하라!

그 선교단의 사람들은 기적이 역사하는 것을 목도함으로 성령의 역사에 압도되었다. 그들 스스로는 그 기적을 온전히 알지 못했지만, 영적 기적이 특별한 능력으로 그들에게 임하였다. 견고한 진들이 무너지는 특별한 기적들이 일어난 것이다. "하나님이 바울의 손으로 놀라운 능력을 행하게 하시니"(행 19:11). 이 기적들은 하늘에서 흘러나오는 자유를 갈망하는 사람들에게 찾아와, 그들의 문화 안에서 이해되는 방식으로 전달된다.

이 모든 것이 파노라마 치유사역을 통한 예언적 선포로 이루어진다. 참으로 신나지 않는가! 소리 높여 주님을 찬양하라.

11.
파노라마 예언자의 성품

성숙한 하나님의 자녀라는 증거 중 하나는 성령에 이끌려 자신과 주변 사람의 삶 속에서 그분의 역사를 인식할 수 있는 능력이다. 다 자란 성숙한 하나님의 아들들(여기서 '아들들'이라고 표현한 것은 특별한 성별을 의미하는 것이 아니다. 갈라디아서 3장 28절의 "너희는 유대인이나 헬라인이나 종이나 자유인이나 남자나 여자나 다 그리스도 예수 안에서 하나이니라"와 같은 의미이며, 성경에서 성별과 관계없이 구원받은 성도를 그리스도의 신부로 말하는 것과 같은 의도이다)은 삶 가운데 부모의 영향력을 그대로 재생산하거나 재현할 수 있어야 한다. 또한 그들 역시 부모가 되어 마태복음 28장 19절의 말씀처럼 모든 민족으로 제자를 삼아야 한다. "그러므로 너희는 가서 모든 민족을 제자로 삼아 아버지와 아들과 성령의 이름으로 세례를 베풀고."

아들을 뜻하는 헬라어 '휘오스' huios 는 아버지와 동일한 정체성을 가지고 성장한 사람을 의미하는데, 그는 아버지의 본질을 상속받는 법적 권리를 가진다.

성숙한 성품

그리스도인의 삶에서 성숙함은 천국을 침노하는 주요 원리로, 현재 가장 인기 있는 주제이기도 하다. 이와 관련하여 '땅으로 내려오신 영광' Earthing the Glory 이라는 제목으로 책을 내면 멋질 것 같다. 앞서 논하였듯이 영적 성숙이란 선과 악, 혼과 영을 구별할 수 있는 영적 인식 능력을 말한다. 성숙한 믿음을 가진 신령한 사람들은 성령에 순종하며, 연습과 훈련으로 단련되어 젖이 아닌 단단한 음식을 먹는다.

> 단에서부터 브엘세바까지의 온 이스라엘이 사무엘은 여호와의 선지자로 세우심을 입은 줄을 알았더라 여호와께서 실로에서 다시 나타나시되 여호와께서 실로에서 여호와의 말씀으로 사무엘에게 자기를 나타내시니라 (삼상 3:20-21)

사무엘은 성령의 인도를 받기 위해 끊임없이 연습을 통해 영적 능력을 훈련한 대표적인 예언자이다. 여호와의 말씀이 사무엘에게 임하였을 때, 그는 그것을 분별하여 주님으로부터 온 것임을 알았다. 사무엘은 주님과 함께하는 경험을 반복함으로써 그분을 볼 수 있었다.

> 그가 여호와를 경외함으로 즐거움을 삼을 것이며 그의 눈에 보이는 대로 심판하지 아니하며 그의 귀에 들리는 대로 판단하지 아니하리라 (사 11:3)

성숙한 그리스도인은 오감으로 성령을 인식하는 능력이 발달된 사람으로, 내적으로 경험하고 있는 것을 겉으로 표현하여 주변 사람들에게 영향을 미친다. 이것이 파노라마 사역의 본질이며, 천국의 박수갈채를 받는 자의 본성이다.

성령의 언어는 영적 직관이어서 내적 인식이 가능하다. 나는 이것에 대하여 이미 앞에서 논의하였다. 요한복음 1장 14절의 "말씀이 육신이 되어"라는 말씀처럼 성령께서는 물리적 감각의 언어로 물리적 인도하심 가운데 말씀하실 수 있다. 바울이 고린도후서 3장 2절에서 "너희는 우리의 편지라 우리 마음에 썼고 뭇 사람이 알고 읽는 바라"고 한 것처럼 우리는 모든 사람에게 알려져 읽히는 살아 있는 편지이다. 우리의 생활방식과 성품을 통해 다른 사람들이 주님이 어떤 분이신지 알게 되기 때문에, 하나님의 아들과 딸들은 반드시 성숙한 자가 되어야 한다.

꿈 또한 성령의 언어이다. 이것은 감정의 언어이자 마음과 열정의 언어이다. 비전은 이미지의 언어이며, 예언을 포함하여 귀에 들리는 말씀기도는 음성 언어이다. 성령의 언어를 정확하게 번역하려면, 그만큼 개발해야 할 것들이 많다.

이것은 부르심의 소망을 의미한다. "너희 마음의 눈을 밝히사 그의 부르심의 소망이 무엇이며 성도 안에서 그 기업의 영광의 풍성함이 무엇이며"(엡 1:18). 성숙한 성품을 지닌 그리스도인들은 어디를 가든 천국의 법칙을 세워 나간다.

> 또 함께 일으키사 그리스도 예수 안에서 함께 하늘에 앉히시니 (엡 2:6)

이 짧은 구절은 삶에서 매우 강력하게 적용된다. 여기서 "함께 일으키사"는 헬라어로 '쉬네게이로'synegeiro인데, 영어단어 '시너지'synergy가 여기에서 파생되었다. 이것의 가장 단순한 의미는 '에너지가 모이다'이며, 교향곡의 '소리가 함께하다'를 의미하기도 한다. "하늘에 함께 앉히시니"는 헬라어 '쉬그카티조'sygkathizo로, '쉬그'syg는 공감, '카티조'kathizo는 '한 나라를 정하고, 그에게 자격을 부여하고, 거처를 정해 정착시키다'라는 의미이다.

이 모든 것은 예수 그리스도의 부르심의 소망에 대한 우리의 결속과 연합을 보여 주는데, 우리를 통해 성령의 능력을 세상에 전하고 보여 주는 천국으로 표현된다. 그러므로 에베소서 2장 6절은 하나님 나라에 대한 정보를 얻을 수 있는 가장 강력한 구절이라고 할 수 있다.

땅으로 내려오신 영광

우리는 천국의 영향력을 이 땅으로 가져와야 한다. '땅으로 내려오신 영광'을 기억하는가? 우리가 살고 있는 이 땅은 영광으로 변화된다. 일층천에 속하는 이 땅에서 삼층천인 하나님 나라를 경험할 수 있는 것은 우리가 그리스도 예수와 함께 앉아 있기 때문이다. 할렐루야!

예수님은 언제나 그렇듯이 우리가 이해할 수 있도록 상황에 맞는 완벽한 밑그림을 주신다. 주님은 그분이 행하신 모범을 통해 우리의 사역에 열쇠를 주신다. 잠시 이 부분에 대해 간단히 설명하겠다.

예수님이 요단강에서 세례를 받으실 때, 하늘 문이 열렸다. 주님이 가시는 곳마다 열린 하늘(하나님과 인간의 온전한 관계 회복)을 통해 거듭난 자들이 하나님 나라를 보고, 그 나라를 소유하는 축복을 받았다. 이 땅에서 천국을 나누어 주신 주님의 사역은 얼마나 놀라운가!

또 이르시되 진실로 진실로 너희에게 이르노니 하늘이 열리고 하나님의 사자들이 인자 위에 오르락 내리락 하는 것을 보리라 하시니라 (요 1:51)

하늘에서 내려온 자 곧 인자 외에는 하늘에 올라간 자가 없느니라 (요 3:13)

예수님이 마지막으로 하신 말씀에는 그분이 이 땅에 계시는 동안 천국에도 계셨다는 것이 암시되어 있다. 주님은 요한복음 3장 13절에서 자신을 인자라고 칭하셨는데, 이것은 그가 하나님이실 뿐만 아니라 완전한 인간이심을 보여 주는 용어다. 인자로 계신 예수님은 원래 하늘에 계시던 성자 하나님으로, 인간의 구원을 위해 완전한 인간으로 이 땅에 오셨다. 주님은 하늘이 그에게 열려 있기 때문에 이 땅에 계시는 동시에 천국에 계신 하나님임을 선포하셨다.

천국의 하늘은 이 땅에 내려와 예수님을 에워싼 구름과도 같았다. 주님은 전적으로 천국의 실재 속에서 말씀하시고, 치유하시고, 온전히 사역하셨다. 요한복음 5장 19절에 "아들이 아버지께서 하시는 일을 보았다"는 부분이 있는데, 이것은 아버지와 아들이 하나 되어 예수 그리스도를 통해 하나님 아버지의 일이 실행되었음을 의미한다.

> 그러므로 예수께서 그들에게 이르시되 내가 진실로 진실로 너희에게 이르노니 아들이 아버지께서 하시는 일을 보지 않고는 아무 것도 스스로 할 수 없나니 아버지께서 행하시는 그것을 아들도 그와 같이 행하느니라 (요 5:19)

> 내가 들으니 보좌에서 큰 음성이 나서 이르되 보라 하나님의 장막이 사람들과 함께 있으매 하나님이 그들과 함께 계시리니 그들은 하나님의 백성이 되고 하나님은 친히 그들과 함께 계셔서 (계 21:3)

우리가 이같이 큰 구원을 등한히 여기면 어찌 그 보응을 피하리요 이 구원은 처음에 주로 말씀하신 바요 들은 자들이 우리에게 확증한 바니 하나님도 표적들과 기사들과 여러 가지 능력과 및 자기의 뜻을 따라 성령이 나누어 주신 것으로써 그들과 함께 증언하셨느니라 (히 2:3-4)

우리가 어떻게 하나님의 위대한 구원을 증거하는 표적들과 기사들과 수많은 능력을 소홀히 할 수 있겠는가?

사도행전 8장 1-8절을 살펴보자. 사울은 스데반을 처형한 후, 교회를 맹렬히 핍박하였다. 그러나 박해로 흩어진 자들은 사마리아는 물론 가는 곳마다 주의 복음을 증거하여 사울이 의도한 교회 잔멸의 효과는 없었다. 그 결과, 사울은 예루살렘 교회를 핍박하는 대신 이방 선교라는 새로운 문제를 처리해야 했다.

5-6절에는 흩어진 그리스도인의 활동에 대한 첫 언급으로 예루살렘 교회의 일곱 집사 중 하나인 빌립의 복음전파 이야기가 나온다. 그는 사마리아로 내려가 하나님 나라와 예수 그리스도를 전했는데, 그의 말을 듣고 많은 사람들이 믿었다. 왜냐하면 그가 나타내는 표적과 큰 능력을 보았기 때문이다. "무리가 빌립의 말도 듣고 행하는 표적도 보고 한마음으로 그가 하는 말을 따르더라"(행 8:6).

표적과 큰 능력이 나타나는 것은 천국이 이 세상에 흘러넘치는 것이다. 그러나 종교의 영을 가진 사람들은 하나님 나라가 세상에서 들리고, 보이고, 느껴지는 것을 원하지 않는다. 그들은 성막 안에서 어떤 일이 일어나는지 마음을 쓰지 않으며, 그렇게 하는 것이 상대적으로 안전하다고 여길 것이다. 또한 당신이 세상에 표적과 이적, 그리고 살아 있는 믿음의 서신이 되는 것을 원하지 않는다. 왜냐하면 천국의 능력들이 방출될 때, 세상에 큰 기쁨이 임하기 때문이다. "그 성에 큰 기쁨이 있더라"(행 8:8).

두려워하지 말고 분별하라

사람들이 점치는 영에서 해방될 때, 영적 파노라마가 거룩함을 모방한 것을 분별하여 몰아낼 때, 큰 기쁨이 임한다. 사도행전 8장 9절에는 빌립의 선교 현장에서 마술사 시몬이 마술을 행하여 사마리아 백성을 사로잡아 놀라게 하는 장면이 나온다. 놀라게 한다는 것은 사람들의 넋을 빼놓고, 마법을 걸어 신기루와 견고한 생각에 사로잡히게 하는 등 미혹하는 영으로 하나님의 일하심에 대하여 무관심하도록 눈을 가린다는 의미이다.

그는 사람들이 영적 직관력을 발휘해 영적 세계를 이해하는 것을 원하지 않았고, 영적으로 무딘 채로 남아 있기를 원하였다. 사람들이 영적으로 눈을 뜨지 못한 채 얕은 상태에 머물도록 유혹하고, 영적 한계를 선고함으로 포로가 되어 영적으로 침체되고 무감각한 상태를 유지하기 원하였다. 그곳에는 말만 있을 뿐 진정한 능력도, 치유도, 구원도 일어나지 않았다. "경건의 모양은 있으나 경건의 능력은 부인하니 이같은 자들에게서 네가 돌아서라"(딤후 3:5). 즉, 이들은 종교적인 외형은 갖추고 있으나 그리스도의 구원의 능력을 부인하는, 기뽐이 없는 자들이다. 우리는 경건의 능력을 받아들이는 것을 두려워하지 말고, 시몬과 같은 자들을 잘 분별해야 한다.

앞서 말했듯이 하나님께 쓰임 받을 때 가장 큰 위협은 우리가 사역에 필요한 것을 갖추지 못했다는 생각이다. 그러나 그것은 거짓이다. 우리는 하나님의 사랑받는 자로 받아들여졌다.

이는 그로 말미암아 우리 둘이 한 성령 안에서 아버지께 나아감을 얻게 하려 하심이라 (엡 2:18)

우리가 그 안에서 그를 믿음으로 말미암아 담대함과 확신을 가지고 하나님께 나아감을 얻느니라 (엡 3:12)

우리는 하나님의 성숙한 아들(딸)로 인친 흔적을 깨닫고, 그것을 현실로 만들 수 있으며, 주변 사람들이 하나님을 더 알고 믿음이 깊어지도록 물리적으로 하나님을 보고, 듣고, 느끼게 할 수 있다. 하나님이 행하시는 일들은 광범위하고 실제적인 것들이 많아서 세상의 점술과 마술에 의한 거짓을 산산조각 내어 버린다. 그것은 예언과 기적이 결합된 보상으로 사람들의 영적 감각을 깨운다.

모세가 그에게 이르되 네가 나를 두고 시기하느냐 여호와께서 그의 영을 그의 모든 백성에게 주사 다 선지자가 되게 하시기를 원하노라 (민 11:29)

모세는 모든 백성이 성령에 사로잡히기를 원했고, 그의 소원은 합당한 것이었다. 어느 정도 성숙한 그리스도인으로서 우리 모두는 에베소서 4장 11절에서 언급한 '선지자'(예언자)가 아니더라도 영적으로 분별하는 마음과 듣는 귀, 보는 눈으로 예언할 수 있어야 한다. "그가 어떤 사람은 사도로, 어떤 사람은 선지자로, 어떤 사람은 복음 전하는 자로, 어떤 사람은 목사와 교사로 삼으셨으니"(엡 4:11).

교회의 몸 된 우리는 예수 그리스도를 주춧돌로 하여 사도나 예언자를 중심으로 세워진다. "너희는 사도들과 선지자들의 터 위에 세우심을 입은 자라 그리스도 예수께서 친히 모퉁잇돌이 되셨느니라"(엡 2:20). 그러나 예언하는 것만으로는 충분치 않고, 예언자는 반드시 성품이 갖춰져 있어야 한다. 이 책이 말하고자 하는 바가 바로 이것이다. 우리의 부르심과 택하심을 굳게 하는 것 말이다. "그러므로 형제들아 더욱 힘써 너희 부르심과 택하심을 굳게 하라 너희가 이것을 행한즉 언제든지 실족하지 아니하리라"(벧후 1:10).

성품과 능력

파노라마 예언자의 성품에 관한 원칙은 다음과 같다. 성숙한 그리스도인으로서 정직하고 성실하게 과업을 완수하기 위해 예언자는 흔들림 없는 성품과 거기서 우러나오는 확고한 신념을 가진 주님의 백성이 되어야 한다. 우리는 하나님의 말씀과 권능에 충실한 전달자가 되어야 한다. "악한 사자는 재앙에 빠져도 충성된 사신은 양약이 되느니라"(잠 13:17).

잠시 시간을 내어 예레미야 15장 15-21절을 읽어 보라. 특히 19절을 살펴보라. "여호와께서 이와 같이 말씀하시되 네가 만일 돌아오면 내가 너를 다시 이끌어 내 앞에 세울 것이며 네가 만일 헛된 것을 버리고 귀한 것을 말한다면 너는 나의 입이 될 것이라 그들은 네게로 돌아오려니와 너는 그들에게로 돌아가지 말지니라."

19절의 '귀한 것'은 히브리어 '야카르'yaqar로, '밝고, 맑고, 진귀하고, 명예롭고, 무게 있고, 고귀하고, 중요하고, 가치 있고, 소중하고, 화려하고, 값비싸고, 영광스럽고, 영향력 있고, 보석 같은'이라는 뜻이다. 반대로 '헛된 것'은 히브리어 '잘랄'zalal로, '가치 없고, 보잘것없고, 가볍게 생각하고, 바람에 떨리고, 흔들리고, 진동하고, 도덕적으로 품행이 나쁜'이라는 뜻이다.

만일 우리가 헛된 것(잘랄)을 버리고 귀한 것(야카르)을 말한다면, 우리는 하나님의 입이 될 수 있다. 진리는 예수님의 성품으로부터 나와야만 한다. 예수님이 행하신 것처럼 우리도 온전한 성품으로 가르치고, 전하고, 예언함으로 주님의 진리와 능력과 영광을 나타내야 한다. 오직 그런 사람들만이 주님 앞에 서게 될 것이다(렘 15:19).

거짓의 영도 진리를 말할 수 있지만, 이것은 하나님의 말씀 이면에 계신 성령님을 무시하는 것이다. 그런 위험을 피하려면, 파노라마 예언자는 예언의 메시지에 대한 부담뿐 아니라 그 안에 담긴 하나님의 뜻에 대한 부담까지도 느낄 수 있어야 한다.

성경에 예시된 예수님의 성품은 예언의 메시지가 표현된 것으로, 이는 단순한 단어가 아니라 그 이상의 것을 계시하며, 그 배후에 있는 그분의 능력을 드러낸다. 그러므로 예언은 단순히 하나님이 주신 메시지에 불과한 것이 아니라 그것을 전하는 이들의 말과 행동에서도 하나님을 나타낸다. 이와 같은 방식으로 현대의 성숙한 예언자들이 드물게 세상의 문제를 다루기도 하지만, 특히 마음의 문제들을 다루고, 주로 교회의 문제를 다룬다.

거짓 예언자들

거짓의 영은 영적으로 매우 얕은 영으로, 진리를 모방하고 조롱하여 지속적으로 열매를 맺을 수 없도록 막는다. 또한 그것을 듣는 청중의 삶에도 영원한 변화가 일어나지 못하도록 방해한다. 그것은 그저 사람들 사이를 빠르게 스쳐가는 좋은 설교일 뿐, 그들의 삶을 변화시키지는 못한다.

예언자로서 정확하게 예언하는 것도 중요하지만, 사람들이 회개하고, 진리가 아닌 헛된 것들을 버리고, 하나님의 능력과 영광의 흐름을 방해하는 잘못된 믿음들을 청산하도록 돕는 것 또한 중요하다. 그렇지 않으면, 예언하는 말들은 생명이 없는 정보에 불과하여 어떠한 실체도 없는 끔찍한 것이 된다. 왜냐하면 가치도 없는 공허하고 헛된 예언의 메시지는 듣는 자들로 하여금 겉으로는 죄를 짓지 못하게 하지만, 진정한 회개나 은혜의 역사, 마음의 변화를 가져오지 못하기 때문이다.

책의 앞부분에서 지적했듯이 회개의 결핍은 듣는 자들에게 문제를 야기하고, 정죄하게 하며, 기쁨이 없는 상태를 초래한다. 가치 없는 말들은 사람들을 낙심하게 한다.

> 많은 목자가 내 포도원을 헐며 내 몫을 짓밟아서 내가 기뻐하는 땅을 황무지로 만들었도다 그들이 이를 황폐하게 하였으므로 그 황무지가 나를 향하여 슬퍼하는도다 온 땅이 황폐함은 이를 마음에 두는 자가 없음이로다 (렘 12:10-11)

그러나 낙심하지 말라. 주님께서 "내가 또 내 마음에 합한 목자들을 너희에게 주리니 그들이 지식과 명철로 너희를 양육하리라"(렘 3:15)고 약속하셨기 때문이다.

만약 예언자인 당신의 마음에 상처가 있다면, 그것은 변환이 잘 되는 물질처럼 다른 사람들에게도 상처를 준다. 파노라마 예언자로서 당신의 삶에서 진리의 말씀이 결실을 맺어야 한다. 열매 여부에 따라 당신은 치유자 아니면 문제를 일으키는 사람이 된다. 아마도 당신은 문제를 일으키는 몇몇 예언자들을 알고 있을 것이다. 그들의 삶 가운데 성령과 동행함으로써 자연스럽게 성령의 열매가 맺히고 있는지 잘 살펴보기 바란다.

> 시온을 피로, 예루살렘을 죄악으로 건축하는도다 그들의 우두머리들은 뇌물을 위하여 재판하며 그들의 제사장은 삯을 위하여 교훈하며

그들의 선지자는 돈을 위하여 점을 치면서도 여호와를 의뢰하여 이르기를 여호와께서 우리 중에 계시지 아니하냐 재앙이 우리에게 임하지 아니하리라 하는도다 (미 3:10-11)

우리는 파노라마 예언자로서 하나님의 뜻과 전혀 상관없이 자신의 권세와 욕망을 채우는 수단으로 예언을 이용해서는 안 된다. 사람들이 회개하도록 인도하고, 진리를 희석하지 않는 순결한 전달자가 되어야 한다.

잠시 에스겔서 13장 1-10절을 살펴보자. 성품에 문제가 있는 불순하고 거짓된 예언자들은 자신의 어리석음을 드러내는 허황된 말을 하고, 그들의 사명을 부정하며, 하나님의 인도하심에서 도망친다. 그들은 하나님의 뜻을 전하기 위해 하나님과 사람들 사이에 무너진 틈새로 올라가서 그 죄를 규명하고, 성벽에 난 구멍이 무엇이며, 어떻게 참된 영적 상태에 이르게 할 수 있는지 알려 하지 않는다.

순결한 전달자로서 예언자는 무너진 틈새에 기꺼이 서야 할 뿐만 아니라 그곳에 홀로 서기를 갈망해야 한다. 왜냐하면 그 누구도 그 자리에 서기를 원하지 않거나 그 자리에 서도록 기름부음을 받지 않았기 때문이다. 어느 경우에든 예언자는 순결하고, 주님 앞에 기꺼이 홀로 서며, 하나님과 사람들 사이의 무너진 담을 보수하기 위하여 잘 이겨진 역청을 사용해야 한다.

불순하고 거짓된 예언자들은 겉으로 위선적인 말을 할 뿐 사람들의 영적 회복을 위한 어떤 해결책도 제시하지 못한다. 그들은 마땅히 들어야 할 하나님의 말씀을 듣지 않고 등을 돌린다. "그들이 듣기를 싫어하여 등을 돌리며 듣지 아니하려고 귀를 막으며"(슥 7:11). 그들은 누군가가 찾고 있는 응답을 얻기 위해 주님을 기다리지 않으며, 사람들의 기도응답을 돕기 위한 자리에 서기를 꺼려 한다. 그러면서도 그들은 아첨하는 말로 사람들을 유혹하여 헛된 예언을 한다. 사역자로서 우선순위는 뒤죽박죽 엉켜 있으며, 자기중심적이다. 부디 이런 예언자가 되지 말고, 더 나은 성품을 가진 자가 되기에 힘쓰라.

성경에서 회칠은 불순한 예언자들이 검증되지 않았음을 의미한다. "이렇게 칠 것은 그들이 내 백성을 유혹하여 평강이 없으나 평강이 있다 함이라 어떤 사람이 담을 쌓을 때에 그들이 회칠을 하는도다"(겔 13:10). 그들은 교회 벽에 난 구멍을 그대로 두고, 영적 전투를 위한 전략에 대한 이해도 없으며, 보호책을 제공하지도 못한다.

질이 낮은 이 혼합물은 그들로 하나님의 뜻을 아는 것에 취약하고, 여리고, 물러지게 한다. 그들은 사람들의 문제에 대한 하나님의 뜻을 모른 채 성령의 불이 담기지 않은 상투적이고 일반적인 대답을 하고, 세상이 불타고 있을 때에도 "평강하라"고 헛되이 예언한다. 절대로 이런 예언자가 되지 말라!

여호와의 일을 게을리 하는 자는 저주를 받을 것이요 자기 칼을 금하여 피를 흘리지 아니하는 자도 저주를 받을 것이로다 모압은 젊은 시절부터 평안하고 포로도 되지 아니하였으므로 마치 술이 그 찌끼 위에 있고 이 그릇에서 저 그릇으로 옮기지 않음 같아서 그 맛이 남아

있고 냄새가 변하지 아니하였도다 (렘 48:10-11)

궁극적으로 주님의 일을 게을리하는 예언자들은 주님의 일을 거짓으로 행하고, 결국에는 자신의 권세와 허영 혹은 개인적인 유익을 취하기 위해 사역하는 지경에 이르게 된다. 그들은 주님의 가지치기와 다루심에 굴복하지 않기 때문에 삶에 어떠한 변화도 없으며, 영적 순환도 깨어진다. 사실 우리 모두는 성령의 만지심으로 변화되고, 그 다음 변화의 단계로 나아가는 영적 순환을 거치게 된다.

그러나 불순하고 거짓된 예언자들은 받은 바 소명을 부지런히 완수하지 않아 정체되어 있다. 그들은 가라앉은 찌꺼기 위의 포도주처럼 이 그릇에서 저 그릇으로 옮겨 부어지지 않음으로, 결국 썩어 악취를 풍긴다. 나는 이것을 '모압의 영'이라고 부른다. 인격의 준비 없이 하나님의 은사를 갈망하는 사람은 누구든지 모압의 영을 조심하라. 그들은 어릴 적부터 풍요와 평안을 누려서 게으르고 무기력하며, 방종하고 자기중심적이다. 나는 교회 안에 모압의 영이 있으며, 하나님께서 거름종이와 같이 찌꺼기를 걸러 낼 사람들을 보내고 계신다고 믿는다.

이들은 성령의 깨어짐을 경험하고, 그 속에서 잘 달구어지고 불로 정제된 순금이 되어 교회의 담벼락에 난 구멍을 채울 것이다. "내가 너를 권하노니 내게서 불로 연단한 금을 사서 부요하게 하고 흰 옷을 사서 입어 벌거벗은 수치를 보이지 않게 하고 안약을 사서 눈에 발라 보게 하라"(계 3:18). 우리는 이사야 62장에 나오는 성벽 위의 파수꾼처럼 성벽과 도시가 재건될 때까지 절대 침묵해서는 안 된다.

> 선지자들은 거짓을 예언하며 제사장들은 자기 권력으로 다스리며 내 백성은 그것을 좋게 여기니 마지막에는 너희가 어찌하려느냐 (렘 5:31)

우리는 절대 이런 예언자가 되지 말고, 하늘의 신령한 성품에 참여하는 자가 되어야 한다. "이로써 그 보배롭고 지극히 큰 약속을 우리에게 주사 이 약속으로 말미암아 너희가 정욕 때문에 세상에서 썩어질 것을 피하여 신령한 성품에 참여하는 자가 되게 하려 하셨느니라"(벧후 1:4).

나의 첫 번째 책 《춤추는 하나님의 손》에서 거룩한 것과 속된 것의 구별 그리고 부정한 것과 정한 것의 분별(겔 44:23-24)에 대해 충분히 언급했기 때문에 같은 말을 반복하지 않겠다. 신령한 성품에 참여하는 자가 되는 원칙은 변함이 없다.

> 내 백성에게 거룩한 것과 속된 것의 구별을 가르치며 부정한 것과 정한 것을 분별하게 할 것이며 송사하는 일을 재판하되 내 규례대로 재판할 것이며 내 모든 정한 절기에는 내 법도와 율례를 지킬 것이며 또 내 안식일을 거룩하게 하며 (겔 44:23-24)

위의 말씀대로 하지 않으면, 하나님께서 그들의 무가치함을 드러내어 수치를 당하게 하실 것이다.

회칠한 담을 내가 이렇게 허물어서 땅에 넘어뜨리고 그 기초를 드러낼 것이라 담이 무너진즉 너희가 그 가운데에서 망하리니 나를 여호와인 줄 알리라 (겔 13:14)

12. 하나님의 사랑 따라가기

파노라마 예언사역의 목적은 사람들을 자유롭게 하고 멍에와 억압을 깨부수는 기름부음으로 사역하는 것으로, 일반적으로 육체적 치유가 동반된다. 예수님의 사역 대부분이 치유였던 것도 바로 사람들이 실제로 육체에 치유되어야 할 문제들을 가지고 있었기 때문이다. 한 사람이 어떤 신체적 질병을 가지고 있다면, 그 질병의 근본 원인이 완전히 정신적이거나 감정적인 눌림이라고 할 수는 없으나, 많은 경우에 있어서 그렇다고 할 수 있다. 이런 종류의 눌림을 치유하는 가장 포괄적이고 단순한 방법은 파노라마 예언사역이다. 이러한 사역은 사람들에게 치유를 가져다준다.

내가 그 발 앞에 엎드려 경배하려 하니 그가 나에게 말하기를 나는 너와 및 예수의 증언을 받은 네 형제들과 같이 된 종이니 삼가 그리하지 말고 오직 하나님께 경배하라 예수의 증언은 예언의 영이라 하더라 (계 19:10)

성경은 예수의 증언이 예언의 영이라고 말한다. 이것은 예수님께서 이 땅에서 증거하신 일들, 즉 표적과 이적과 기사들을 행하신 것과 죽은 자를 살리시고, 병든 자를 낫게 하시며, 문둥병자를 치유하신 일들이 예언의 영에 의해서만 성취됨을 강조한다. 이러한 활동들은 지금도 우리 삶에서 정확히 똑같은 사역들을 경험하고 반복할 수 있도록 우리를 초대한다.

이것은 매우 단순하다. 예수님은 대부분의 사람이 치유를 필요로 한다는 것을 아셨고, 치유는 그들의 죄에 대한 그분의 용서와 통치를 목도하게 하는 완벽한 방법이었다. 주님은 치유를 통해 사람들을 그분의 나라로 인도하셨다.

예수의 증언은 하늘에 계신 아버지에 대한 그의 증언을 입증하기 위해 그분이 행하신 사역들이다. 그리고 오늘날 이것은 예언사역의 기름부음에 뿌리를 두고 있다. 그중 일부는 치유와 결합된 예언자의 영적 사역으로, 파노라마를 통해 풀어진다. 우리가 예수님이 행하신 것과 같은 수준의 사역을 하는 것은 어렵지만, 늘 거룩한 부담감을 갖고 온전한 하나님의 영광 아래 사역해야 한다. 파노라마는 그분의 카보드(영광으로 가득함)가 응축된 분위기에서 행해지는 영적 사역

중 하나이다.

우리가 하루하루의 삶 속에서 한발 물러서 거시적인 차원에서 세상의 모든 것을 바라본다면, 주님이 개인의 차원에서 언제, 어디서나 사람들을 치유하고 만지신다는 사실을 알 수 있다. 내가 관찰한 바로는 교회에 다니는 사람들, 식료품점에 줄 서 있는 사람들, 사무실에서 일하는 사람들, 치유에 대한 육체적 필요가 있는 사람들 등 모든 사람이 주님께 치유받기 원할 때, 그리고 그것을 절실히 필요로 할 때 받게 된다.

선지자의 이름으로 선지자를 영접하는 자는 선지자의 상을 받을 것이요 의인의 이름으로 의인을 영접하는 자는 의인의 상을 받을 것이요
(마 10:41)

예언과 치유

예언사역의 중요성은 치유의 필요가 있는 곳에서 강조된다. 이것을 위한 해결책으로 우리가 할 수 있는 일은 우리 삶에 하나님의 영광이 거하실 처소를 만드는 것이다. 그분은 가끔 방문하러 내려오시는 것이 아니라 늘 우리와 함께 살고 계시기 때문에 그분의 이름은 우리에게 달려 있다. 우리에게 필요한 것은 단지 부흥이 아닌 그리스

도 안에서 함께 지어져 가는 생명력이다.

> 너희도 성령 안에서 하나님이 거하실 처소가 되기 위하여 그리스도 예수 안에서 함께 지어져 가느니라 (엡 2:22)

중요한 것은 올바른 동기부여, 깨어짐, 성품, 감수성, 진실성 등을 배양하여 주님께서 우리에게 공동의 처소^{co-habitation}를 맡기시게 하는 것이다. 우리는 주님이 계신 곳을 알아보는 지식과 내면의 음성에 대한 분별력을 개발해야 한다. 그리고 그리스도께서 하늘에 계신 아버지를 인식하도록 자신이 본 것을 아주 정교하게 보여 주셨듯이, 우리도 예언하는 영안과 내면의 통찰력으로 주님처럼 행해야 한다.

> 여호와께서 모세에게 이르시되 이스라엘 노인 중에 네가 알기로 백성의 장로와 지도자가 될 만한 자 칠십 명을 모아 내게 데리고 와 회막에 이르러 거기서 너와 함께 서게 하라 내가 강림하여 거기서 너와 말하고 네게 임한 영을 그들에게도 임하게 하리니 그들이 너와 함께 백성의 짐을 담당하고 너 혼자 담당하지 아니하리라 (민 11:16-17)

이제 의미를 좀 더 확장하여 기적적인 역사와 연합된 예언의 영에 대하여 이야기하겠다. 예언자의 영적 사역인 파노라마는 아마도 우리 대부분이 인식하는 단순한 예언들, 즉 선교회를 통한 예언이나 목회적 예언, 선교를 위한 개인적인 예언, 권면과 평안을 위한 예언보다 훨씬 더 높은 질서의 예언일 것이다. 여기서 더 높은 질서란, 다른 예언이 열등하고 이것이 '더 좋은' 예언임을 의미하지는 않는다. 예언들은 그리스도의 본체 안에서 각각 부여받은 위치가 있다. 우리가 알고 있듯이 1980년대부터 예언 회복운동이 일어났지만, 사실 기적을 풀어내는 파노라마 예언사역의 개념은 여전히 축소되어 있다고 할 수 있다.

영적 사역에서 경이로운 기적들이 엄청나게 방출되는 것을 보려면, 영혼에 대한 분별력과 믿음의 은사가 결합되어야 한다. 이처럼 예언사역은 치유의 기름부음과 결합된다.

주님의 모든 사역은 필요가 있는 사람 가운데 일어나며, 그분의 지혜와 인도로 하나님과의 만남이 시작된다. 우리는 영을 묶거나 풀 수 있고, 기도하고, 금식하고, 여리고 성을 무너뜨릴 때처럼 행진하며, 자신의 직분과 위치에서 선포할 수 있다. 그러나 궁극적으로 사람들이 치유되고, 구원받고, 인도받을 수 있는 유일한 방법은 하나님의 계획과 영적 사역 속에서 예언하는 자와 함께 손을 잡고 하나님을 만나는 것이다. 즉, 하나님께서 사람들과의 만남을 시작하시고, 사람들이 (예언자의 손을 잡고) 그분을 만날 수 있도록 허락하신다는 것이다.

사실 이것은 이해하기 어려운 개념이 아니지만, 때때로 우리가 그것을 어렵게 만든다는 생각이 든다. 또한 이 개념을 실제 삶에 적용하는 것이 좀 더 복잡해 보일 수 있는데, 이것이 '함께 손을 잡는 것' 이상의 좀 더 깊은 무언가를 필요로 하기 때문이다.

하나님의 뜻을 따르다

하나님의 사역자로서 어떤 능력과 역할로 섬기든지, 우리는 하나님의 뜻을 조언하는 자리에 서 있을 필요가 있다. 조언한다는 말은 무엇을 의미하는가? 그것은 성령의 역사로 그분의 놀라운 권능을 실질적으로 입증하는 통찰과 충고와 계획을 전해 주는 것이다. 우리는 이사야 22장 22-23절과 요한계시록 3장 7절에 등장하는 하나님 나라의 문을 여는 '다윗의 집의 열쇠'로 그 책임을 다해야 한다.

내가 또 다윗의 집의 열쇠를 그의 어깨에 두리니 그가 열면 닫을 자가 없겠고 닫으면 열 자가 없으리라 못이 단단한 곳에 박힘 같이 그를 견고하게 하리니 그가 그의 아버지 집에 영광의 보좌가 될 것이요 (사 22:22-23)

빌라델비아 교회의 사자에게 편지하라 거룩하고 진실하사 다윗의 열쇠를 가지신 이 곧 열면 닫을 사람이 없고 닫으면 열 사람이 없는 그가 이르시되 (계 3:7)

우리에게 있어서 그것은 보이지 않는 세계를 알고 감지하는 것이며, 영을 묶고 풀기 위하여 하늘의 영향력 아래로 들어가는 것이다. 또한 원수들의 행적과 전략을 간파하고 그들을 무너뜨려 사람들 사이에서 성령의 역사들이 드러나게 하는 것이다.

우리는 하나님의 뜻에 대해 조언하고 그분의 강한 권능을 나타내는 역할을 맡은 주님의 메신저가 되어야 한다. '강한 권능'은 히브리어로 '게부우라흐'gebuwrah이며, 헬라어로는 '크라토스'kratos(엡 6:10)이다. '강한 권능'은 능력을 강하게 하는 그 이면에 숨은 하나님의 근육muscularity이라 할 수 있으며, 이는 무한하고 잠재적인 에너지이다. 이것은 단순히 권능의 나타남(두나미스)이 아니라 권능을 강하게 하는 근본적인 힘이라고 할 수 있다.

하나님의 근육에 대한 이해를 돕기 위해 잠시 고등학교 때 배운 물리 수업을 떠올려 보자. 주먹을 쥐면, 손의 힘이 강해진다. 이것이 권능을 강하게 하는 근본적인 힘인 것이다. 이것은 일반적인 운동으로 생기는 에너지와는 달리 잠재적으로 생길 수 있는 무한한 에너지이다.

그렇다면 근육질의 그 잠재적 에너지를 어떻게 방출해서 운동에너지로 임파테이션할 수 있을까? 하나님의 강한 권능을 어떻게 실제적 능력으로 변환할 수 있을까?

> 사랑을 추구하며 신령한 것들을 사모하되 특별히 예언을 하려고 하라
> (고전 14:1)

그것은 사랑을 따라 구함으로 가능하다. 우리는 하나님을 사랑하고 이웃을 사랑하라는 계명에 충실해야 한다. "또 사랑은 이것이니 우리가 그 계명을 따라 행하는 것이요 계명은 이것이니 너희가 처음

부터 들은 바와 같이 그 가운데서 행하라 하심이라"(요이 1:6).

이 장에서 논의된 개념들 중 일부는 나의 처남인 데이빗 올소브룩이 쓴 《사랑에 대해 배우기》Leaning to Love에서 발췌한 것이다. 나는 그의 통찰력을 신뢰한다.

"소망이 우리를 부끄럽게 하지 아니함은 우리에게 주신 성령으로 말미암아 하나님의 사랑이 우리 마음에 부은 바 됨이니"(롬 5:5). 마가복음 1장에서 예수님은 문둥병자를 보시고 민망히 여기셨다. 민망히 여기셨다는 것은 무슨 의미인가? 예수님은 그가 받는 모든 고통을 아셨고, 그의 고통에 동참하셨을 뿐 아니라 그 고통을 치유해 주고 싶은 마음이 간절하셨다. 이것은 특정한 부위에 아픔을 가진 한 개인에게 주시는 예수님의 집중적인 사랑이다. 예수님은 질병에서 자유로워지고 싶은 문둥병자의 필요에 그분의 사랑을 집중시키셨다. 고침을 받고자 하는 그의 필요에 그분의 주권적인 사랑이 투영될 때, 은혜가 나타난다.

> 온 무리가 예수를 만지려고 힘쓰니 이는 능력이 예수께로부터 나와서
> 모든 사람을 낫게 함이러라 (눅 6:19)

모든 인간의 영은 사랑이 투영될 때 센서처럼 그것을 감지한다. 사랑은 기적이 일어나도록 에너지를 공급하는 원천이다. 사랑은 능력을 나타내는 잠재적 에너지를 '두나미스'(힘, 권능)의 운동에너지로 바꾸는 도관(전선관)이다. 그래서 사랑은 사역받는 사람에게 집중되어야

하며, 영적 사역은 사랑으로 인도되고 움직여져야 한다. 이런 이유로 우리는 사랑을 추구하고, 사랑의 추종자가 되라는 말을 듣는다.

그것은 두나미스 배후에 있는 힘을 불어넣는 능력이며, 실제로 기적을 완성하는 하나님의 권능과 은혜이다. 사랑은 믿음이 권능으로 발산되게 하는 촉매제로, 진정한 믿음을 소유한 자는 사랑의 행위를 나타낸다. "사랑으로써 역사하는 믿음뿐이니라"(갈 5:6). 믿음은 사랑에 의해 활력을 얻거나 활성화되고 작동된다. 그러므로 우리가 한 사람의 인생에 필요가 채워지는 기적의 사역을 한다면서 능력이 나타나지 않는 것은 대부분 사랑을 활성화하는 능력이 부족하기 때문이다.

나는 프란시스 메트컬프가 늘 해주던 말을 기억한다. "우리가 이 땅에서 사랑으로 섬기는 일은 위에 계신 왕에게는 정말 중요한 사안입니다."

"영적인 은사를 사모하라"는 말을 올바른 마음의 동기로 갈망한다면, 그것은 죄가 아니다. 보통 어떤 것을 탐하는 것은 죄이지만, 주님에 대한 갈망으로 영적인 은사를 탐내는 것은 죄가 아니다. 성령의 은사는 실제 사람들에게 보이고, 들리고, 실재하시는 하나님의 위대함과 권능이다. 우리는 어리석은 우상을 섬기는 것이 아니라 생명으로 가득하고 실제로 일하시는 하나님을 섬기는 것이다.

영적인 은사들은 하나님의 고귀한 성품과 속성을 드러내며, 성령의 열매가 표현되는 통로 역할을 한다. 그러므로 하나님과 영적인 은사는 언제나 함께하며, 그렇기 때문에 영적인 은사를 갈망하는 것은 잘못된 것이 아니다.

여호와께서 이르시되 내가 내 모든 선한 것을 네 앞으로 지나가게 하고 여호와의 이름을 네 앞에 선포하리라 나는 은혜 베풀 자에게 은혜를 베풀고 긍휼히 여길 자에게 긍휼을 베푸느니라 (출 33:19)

여호와께서 구름 가운데에 강림하사 그와 함께 거기 서서 여호와의 이름을 선포하실새 여호와께서 그의 앞으로 지나시며 선포하시되 여호와라 여호와라 자비롭고 은혜롭고 노하기를 더디하고 인자와 진실이 많은 하나님이라 (출 34:5-6)

주님의 선하심은 영적인 은사들 안에서 발견된다. 신령한 은사들을 사모하되, 특별히 예언을 하려고 하라. 예언의 영이 예수의 증언임을 잊지 말라. 예수님께서 이 땅에서 증거하신 일들이 예언의 영에 의해 성취됨을 기억하라.

"예언은 언제든지 사람의 뜻으로 낸 것이 아니요 오직 성령의 감동하심을 받은 사람들이 하나님께 받아 말한 것임이라"(벧후 1:21). 여기서 '감동하심을 받다'는 헬라어로 '페로'pharo이며, 이는 '서두르다, 강풍에 밀려가는 배처럼 앞으로 나아가다, 아기가 태어나 생애 처음으로 경이로운 숨을 내쉬며 울다'라는 의미이다.

한 사람의 삶에서 부족하거나 장애를 일으키는 치유가 필요한 마음의 문제들은 예언사역에서 분명하게 드러난다. 내적인 성령의 은사를 방출하는 예언자는 성령의 감동하심으로 주님으로부터 자유롭게 흐르는 사랑의 흐름을 그것이 필요한 사람에게 전하여 덕을 세우고 권면하며 위로한다. "그러나 예언하는 자는 사람에게 말하여 덕을 세우며 권면하며 위로하는 것이요"(고전 14:3). 우리는 예언하는 법을 배울 수 있다. "너희는 다 모든 사람으로 배우게 하고 모든 사람으로 권면을 받게 하기 위하여 하나씩 하나씩 예언할 수 있느니라"(고전 14:31).

성령의 은사들은 예언자의 목소리를 통해 전해진다. 그러므로 입으로 선포하라! 성령의 감동으로 예언하라! 사람들의 상처를 치유하는 긍휼을 덧입는 신령한 사랑의 흐름에 예언의 영을 결합시키라. 이러한 흐름은 주님의 인도하심에 민감하게 하며, 사람들을 향한 사랑의 흐름을 가져온다.

사람들은 영적 굶주림으로 고통받고 있다. 그들은 모두 개인적으로 사역을 받고 싶어 하며, 주님의 친밀한 손길, 하나님의 사랑, 용납 등을 간절히 바라고 있다. 우리는 예언사역을 통해 그들이 주님께 용납되었다는 사실뿐만 아니라 '담대하게 은혜의 보좌'로 나아갈 수 있다는 것을 보여 줘야 한다. "그러므로 우리는 긍휼하심을 받고 때를 따라 돕는 은혜를 얻기 위하여 은혜의 보좌 앞에 담대히 나아갈 것이니라"(히 4:16). 하나님은 누구든지 그의 은혜의 보좌로 담대히 나아갈 수 있도록 허락하신다.

그러나 일부 사람들은 주님께 받아들여지지 않거나 거절당하게 될 것이라는 두려움 때문에 사랑을 받아들이지도, 표현하지도 못한다. 우리는 두려움에 사로잡힌 사람들이 하나님과 대면하는 사랑을 시작하도록 연결함으로, 그들이 주님을 진실하게 믿을 수 있는 기회를 제공한다.

사랑 안에 두려움이 없고 온전한 사랑이 두려움을 내쫓나니 두려움에는 형벌이 있음이라 두려워하는 자는 사랑 안에서 온전히 이루지 못하였느니라 우리가 사랑함은 그가 먼저 우리를 사랑하셨음이라 (요일 4:18-19)

사역자로서 우리는 사람들의 삶에서 충족되지 않는 사랑의 필요에 민감해야 하며, 하나님을 찾고 있는 사람들의 갈급한 심령이 감화되도록 그들의 마음을 잘 헤아려야 한다. 하나님은 그런 욕구를 충족시키기 위해 사랑의 전달자들을 보내신다. 그런데 우리가 받지 않는다면 어떻게 주실 수 있겠는가?

사랑의 대면

아마도 당신은 요한복음 21장 15-19절의 예수님께서 베드로를 회복시키신 사건을 기억할 것이다. 여기서 예수님은 '아가파오'agapao(진정한 사랑, 숭고하고 헌신적인 하나님의 사랑, 무조건적이고 죽음까지 불사하는 사랑을 의미함)를 사용하셔서 베드로에게 자신을 사랑하는지 두 번 물어보신다. 이에 베드로는 '필레오'phileo(인간적인 사랑, 조건적이고 친근한 우정에 가까운 사랑을 의미함)로 "내가 주님을 사랑하는지phileo 주님께서 아시나이다"라고 대답하였다.

세 번째로 예수님께서 "요한의 아들 시몬아 네가 나를 사랑하느냐"라고 물으실 때, 주님은 '아가파오'를 '필레오'로 대체하셨다. 그것은 마치 "베드로야, 너는 진정 나의 친구이냐?"라고 물으시는 것과 같다. 베드로는 근심하며 "주님 모든 것을 아시오매 내가 주님을 사랑하는 줄을 주님께서 아시나이다"라고 대답한다.

그리스도를 세 번 부인한 베드로는 예수님의 '아가파오'에 '아가파오'로 대답하는 것이 자신에게 합당하지 않다고 느꼈다. 베드로에게는 예수님께서 자신을 용서하시고 용납하셨다는 특별한 인정이 필요했다. 부활하신 주님은 베드로에게 "내 양을 먹이라"고 말씀하심으로, 베드로가 필레오가 아닌 아가파오의 사랑으로 하나님의 백성들에게 헌신하고 그들을 섬기도록 사명을 주셨다. 이제 베드로는 성령의 세례를 받았고, 하나님의 사랑으로 충만해졌다.

우리는 베드로가 어떻게 주님을 부인했는지 알고 있다. 그런 베드로에게 주님은 독특한 방법으로 말씀하시며, 그가 주님을 위하여 순교하는 아가파오로 그분을 사랑하게 될 것이라고 가르치신다. 베드로는 순교에 대하여 개의치 않았다. 왜냐하면 때가 이르면 그가 이미 아가파오의 사랑으로 충만해져 있을 것이기 때문이었다.

여기서 중요한 점은 베드로처럼 당신과 나 역시 주님과의 사랑의 대면이 필요하다는 것이다. 사도들의 경우와 마찬가지로 언제나 먼저 사랑의 첫발을 내딛는 분은 하나님이시고, 우리는 그 사랑에 반응하게 된다. 즉, 주님은 먼저 우리를 사랑하셔서 우리에게 오시고 성령으로 감싸신다. 주님에 대한 사랑이 우리에게 궁극적인 희생을 요구할 수도 있지만, 주님과 '아가파오'의 사랑에 빠진 우리는 그것에 대해 개의치 않을 것이다.

우레의 아들 요한을 사랑받는 자로 변화시키신 것처럼 주님과의 사랑의 대면은 우리를 변화시킨다(막 3:17, 요 13:23 참고). 요한처럼 우리도 사랑의 대면을 경험해야 한다. 우리 스스로 자신을 바꿀 수 없기 때문이다. 예수님은 다른 사도들에게도 사랑을 주셨고, 그들은 그 사랑에 반응해서 주님을 사랑하였다. 하지만 사도 요한은 예수님의 품에 의지하여 누울 만큼 주님의 사랑에 가장 가까이에서 반응하였다. 요한은 그리스도와의 친밀한 관계 안에서 만족하였고 주님을 기뻐하였다. 예수님은 그런 요한을 사랑의 사도로 변화시키셨다.

우리가 주님의 사랑에 적극적으로 반응하여 변화된다면, 받은 것을 다른 사람들에게 나누어 줄 수 있다. 그리고 우리가 사랑의 원천이 아니라 단지 하나님의 사랑을 받는 자라는 것을 깨달아야 한다.

"사랑하지 아니하는 자는 하나님을 알지 못하나니 이는 하나님은 사랑이심이라"(요일 4:8). 사랑하는 자가 모두 하나님을 아는 것은 아니라 할지라도, 하나님을 아는 자는 반드시 사랑을 받고, 그것을 표현할 수밖에 없다.

> 그런즉 믿음, 소망, 사랑, 이 세 가지는 항상 있을 것인데 그 중의 제일은 사랑이라 (고전 13:13)

하나님이 우리를 사랑하시는 사랑을 우리가 알고 믿었노니 하나님은 사랑이시라 사랑 안에 거하는 자는 하나님 안에 거하고 하나님도 그

의 안에 거하시느니라 (요일 4:16)

    하나님의 사랑이 우리 안에 거하면, 다른 사람들의 필요에 민감해진다. 그래서 긍휼로 이어지는 하나님의 사랑이 흘러가게 하여 잃어버린 자와 상처받은 자를 하나님께로 인도하는 사랑의 전달자로 변화된다.
    예언사역은 하나님의 정찰병으로서 긍휼을 통해 집중적인 사랑의 필요를 찾아내는 것으로, 파노라마 사역과 연결되어 표출된다. 사람들은 늘 하나님이 누구에게 사역하기 원하시는지를 어떻게 아느냐고 묻는다. 이에 대해 나는 주님의 집중하시는 사랑을 따른다고 답한다. 내면의 비전을 하나님의 사랑의 흐름에 맞추고 특정한 사람에게 초점을 맞출 때, 하나님께서 그들을 치유하기 원하신다는 것을 알게 된다. 긍휼은 물체를 태우기 위해 빛을 모으고, 그것이 불타도록 힘을 집중시키는 일종의 돋보기와 같다. 그러므로 집중된 사랑의 흐름의 종착점에는 은사, 치유, 예언으로 들리게 될 말씀이 있다.
    긍휼은 사람들의 상처를 치유하고자 하시는 하나님의 사랑의 흐름을 읽는 예언자의 감수성을 기르는 데 필수적인 매우 중요하고도 근본적인 요소이다. 이것은 기적들에 생명을 불어넣는 첫 단계이자, 가장 중요한 우선순위이다. 하나님의 사랑으로 사람들에게 집중하는 긍휼이 없다면, 우리는 사람들의 필요를 결코 간파하지 못할 것이다. 그리고 하나님의 능력이 방출되게 하는 모든 노력과 시도들은 최소화되고 좌절되어, 최악의 경우에는 모든 것이 수포로 돌아갈 것이다.

우리가 경험한 사람들은 대부분 사랑 없이 예언한 사역자들로부터 상처받은 이들이었다. 따라서 우리는 사람들이 필요로 하는 것을 깨닫고, 그것을 줄 수 있어야 한다.

13. 하나님은 왜 보좌에 앉으시는가?

　기적이 풀어지는 파노라마 예언사역에서 간과하지 말아야 할 것이 있다면 바로 '의'이다. 사랑의 흐름을 따르고 긍휼을 품는 것이 중요한 만큼 예언사역과 연합되어 이루어지는 기적의 방출 역시 중요하다. 그 것은 사람들을 자유케 하는 기름부음을 요청할 권리를 부여하는 위치적 권위이기도 하다. 이것이 바로 의의 의미이다.
　의는 하나님의 아들로서 서 있는 당당함, 또는 능력으로 왕의 왕과 함께 수많은 청중이 기대하는 하나님의 보좌 앞으로 나아가는 것을 말한다. 이것은 마치 아픈 자녀가 낫기를 바라는 마음으로 아버지에게 다가오는 것과 같다. 그렇다. 우리는 하나님의 은혜로 우리가 그분의 양자로 입양되었다는 사실을 결코 잊어서는 안 된다. 의로움이 아닌 거짓 경건과 자기 의로 하나님 아버지와 우리의 관계적 지위를 소홀히 해서는 안 된다. 기억하라. 부모는 자녀에게 좋은 것을 준다(마 7:7-12). 그들은 참으로 기꺼이 그렇게 한다.

> 보라 아버지께서 어떠한 사랑을 우리에게 베푸사 하나님의 자녀라 일컬음을 받게 하셨는가, 우리가 그러하도다 그러므로 세상이 우리를 알지 못함은 그를 알지 못함이라 (요일 3:1)

인간에게 있어서 하나님의 자녀로 불린다는 것은 굉장한 특권이자 매우 특별한 지위이다. 그것은 '하나님의 후사로서의 기름부음'Sonship Anointing이며, 법적인 아들의 권위와 유업을 잇는 자리로서, 창조의 보좌에 앉아 계신 하나님 아버지께 다가갈 수 있는 권리를 제공한다.

당신은 왜 하나님께서 하늘 보좌에 앉아 계신지 생각해 본 적이 있는가? 거기에 숨은 뜻이 있는지, 아니면 왕이시기에 당연히 보좌에 앉으시는 것일까? 하늘 보좌가 아닌 나무 아래에 앉으시면 하늘 보좌의 하나님보다 못하다는 뜻일까? 물론 아니다. 하늘 보좌는 하나님의 하나님 되심Godness을 드러낸다.

> 의와 공의가 주의 보좌의 기초라 인자함과 진실함이 주 앞에 있나이다 (시 89:14)

의와 공의는 하나님의 통치의 기본원칙으로, 하나님은 하늘 보좌에 앉아 모든 창조물에 생명을 불어넣어 어떠한 불의나 죄악이 없는 의의 질서를 행하신다. 의는 '올바름'을 의미한다.

잠시 시간을 내어 보좌에 앉으신 하나님과 그 영광을 그린 요한계시록 4장을 읽어 보기 바란다. 주님의 하늘 보좌의 경이로운 영광을 생각해 보라. 하나님은 의로우셔서 하늘 보좌에 앉으셨다. 그리고 이것은 하나님께서 항상 옳은 일을 하신다는 의미이다. 하늘 보좌에 앉으셔서 자녀를 위해 치유와 건강을 약속하시고, 백성을 구원하시며, 그들을 인도하신다. 자녀 된 우리에게 그러한 능력과 은사를 주시는 주님의 일은 모두 옳고 의롭다.

주님은 의로우시기 때문에 옳은 일을 하시는 것이며, 이것이 바로 그분의 성품이고 본질이다. 이것이 모호하게 들릴 수 있지만 사실이다. 하나님 아버지의 마음과 신분과 권위는 그의 의로우심에 뿌리를 두고 있다. 하나님이 하늘 보좌에 앉아 계신다는 것은 우리가 그분을 믿을 수 있다는 것을 의미한다. "내가 본즉 주께서 높이 들린 보좌에 앉으셨는데 그의 옷자락은 성전에 가득하였고"(사 6:1).

주님의 왕국의 영향력과 통치는 그의 의에서 비롯되며, 그의 자녀들은 맏아들 예수 그리스도를 통해 의를 기업으로 물려받는다. 의는 타락한 본성과 관련된 죽음과 상실을 이기고, 의로운 삶을 살도록 우리를 변화시킨다. 이제 주님의 의가 우리의 의가 되었기 때문에 우리는 자녀의 위치에서 그분을 경험하고, 그분께 순종하게 된다. 하나님은 충성스러운 자녀에게 자신의 권위를 나누어 주신다. 주님의 인자하심은 그의 권위와 동행한다. "인애와 진리가 같이 만나고 의와 화평이 서로 입맞추었으며"(시 85:10).

변화된 신분

주께서 이르시되 그 날 후로는 그들과 맺을 언약이 이것이라 하시고 내 법을 그들의 마음에 두고 그들의 생각에 기록하리라 하신 후에 또 그들의 죄와 그들의 불법을 내가 다시 기억하지 아니하리라 하셨으니 이것들을 사하셨은즉 다시 죄를 위하여 제사 드릴 것이 없느니라 그러므로 형제들아 우리가 예수의 피를 힘입어 성소에 들어갈 담력을 얻었나니 그 길은 우리를 위하여 휘장 가운데로 열어 놓으신 새로운 살 길이요 휘장은 곧 그의 육체니라 또 하나님의 집 다스리는 큰 제사장이 계시매 우리가 마음에 뿌림을 받아 악한 양심으로부터 벗어나고 몸은 맑은 물로 씻음을 받았으니 참 마음과 온전한 믿음으로 하나님께 나아가자 또 약속하신 이는 미쁘시니 우리가 믿는 도리의 소망을 움직이지 말며 굳게 잡고 (히 10:16-23)

이것은 그리스도인들이 예수의 피를 힘입어 하나님의 자녀로 의롭게 되어 진실된 마음과 온전한 믿음으로 하나님께 나아가야 함을 강조한 매우 강력한 성경구절이다. 그리스도의 보혈로 휘장이 찢어짐으로, 우리는 새로운 언약으로 하나님의 백성이 되어 믿음의 확신을 가지고 하나님이 거하시는 지성소에 담대히 들어갈 권리를 얻게 되었다.

이것은 우리가 정확하게 무엇으로 들어간다는 의미인가? '성령 안에 거하라'는 말씀은 무엇을 의미하는가? 우리가 흔들림 없이 하나님과 일대일의 개인적인 관계 안에서 그분의 정의와 자비를 경험할 수 있다고 믿는가?

우리에게는 이 땅에서 하늘의 질서에 들어갈 수 있도록 하나님께 요청할 수 있는 수단과 권리가 있다. 지금 우리가 있는 곳에서 그분의 의의 질서가 세워지는 것을 기대할 수 있다. 정의에 기초한 주님의 인자하심은 사람을 치유한다. 우리가 하나님의 자녀로서 치유를 경험하지 못하는 것은 하나님의 자녀로서의 권리를 이해하지 못하기 때문이다. 파노라마 사역은 하나님의 의와 만나도록 사람들을 인도하고, 그들의 삶에 이 진리가 확립되도록 돕는다.

> 하나님이 미리 아신 자들을 또한 그 아들의 형상을 본받게 하기 위하여 미리 정하셨으니 이는 그로 많은 형제 중에서 맏아들이 되게 하려 하심이니라 (롬 8:29)

우리가 아는 바와 같이 그리스도는 많은 사람들 중 맏아들이 되셨다. 그러면 '그 아들의 형상을 본받게 한다는 것'은 무슨 의미인가? 그것은 우리가 그리스도를 믿음으로 이미 그의 형상을 받은 자이며, 삶에서도 실제로 그의 성품을 반영한다는 의미이다. 그리스도가 이 땅에서 활동하신 방식으로 우리가 하나님의 가족이 되었기 때문에, 우리는 그 가족의 구성원이 될 뿐만 아니라 자녀로서 그에 합당하게 행동해야 한다. 그것은 단지 죄 사함과 거듭남에 대한 것일 뿐만 아니라, 그리스도께서 우리가 서 있는 바로 '지금 여기'에 계셨다면 행하셨을 일들을 그대로 본받아 행하는 것이다.

주님의 형상을 본받아 변화되는 것은 주의 자녀로서의 권리이자 특권이며, 이 책의 핵심주제이다. 동시에 맏아들이신 예수님을 충실하고 철저하게 본받아 따르는 것이 우리의 의무이다.

> 영접하는 자 곧 그 이름을 믿는 자들에게는 하나님의 자녀가 되는 권세를 주셨으니 (요 1:12)

우리는 하인이나 노예 또는 사생아나 불법적인 자녀가 아니라 아들로서의 권한과 능력을 가진 하나님의 법적 자녀가 되었다. 그의 이름을 믿음으로 하나님의 자녀가 되고, 상속자의 권세를 부여받는다. 이러한 신분은 변화된 참된 자녀, 사랑받는 자녀라면 누구나 받게 되는 가장 큰 보물이다. 옛날에는 '자녀'와 '부'wealth라는 말이 동의어였다. 이것은 우리가 그리스도 안에서 미래에 하나님의 상속자가 되는 것이 아니라, 현재 상속자로서 그의 모든 권세를 갖고 있음을 의미한다.

> 무릇 하나님의 영으로 인도함을 받는 사람은 곧 하나님의 아들이라 너희는 다시 무서워하는 종의 영을 받지 아니하고 양자의 영을 받았으므로 우리가 아빠 아버지라고 부르짖느니라 성령이 친히 우리의 영

과 더불어 우리가 하나님의 자녀인 것을 증언하시나니 자녀이면 또한 상속자 곧 하나님의 상속자요 그리스도와 함께 한 상속자니 우리가 그와 함께 영광을 받기 위하여 고난도 함께 받아야 할 것이니라 (롬 8:14-17)

어떻게 상속자가 될 수 있는가? 성령의 인도를 받기만 하면 된다. 우리는 그리스도의 영을 받은 자이기에 당연히 성령의 인도함을 받아 성령으로 행하며, 더 많은 아들과 딸들을 주님의 품으로 인도한다. 로마서 8장 1-9절은 성령의 의로운 요구에 우리가 어떻게 이끌려 살아가야 하는지 몇 가지 해결책을 보여 주는데, 파노라마 예언사역이 그중 하나이다.

위에 제시된 성경의 두 구절 뒤인 19절에서 모든 피조물조차 하나님의 아들들의 출현을 간절히 기다린다고 말한다. "피조물이 고대하는 바는 하나님의 아들들이 나타나는 것이니." 왜 그럴까? 그것은 우리가 하나님의 후사로서 영광된 위치를 회복함으로써 피조물들도 우리를 통해 회복되어 그 영광에 동참할 수 있기 때문이다. 즉, 피조물의 회복은 우리의 회복에 달렸다. 그러므로 우리는 예수님이 행하신 것과 똑같은 회복사역을 위한 권리와 권세를 가진 공동 상속인으로서 같은 방식으로 예언사역을 해야 한다. 이것은 선택사항이 아니다. 만약 주님께서 행하시는 방식으로 순종하지 않는다면, 하나님의 후사로서의 기름부음의 능력은 사라지게 된다. 그러므로 하나님의 후사로서의 기름부음을 이해하는 것이 중요하다.

그런데 왜 우리가 하나님의 아들과 딸로서 영적 사역을 해야 할까? 그렇게 하는 것이 우리가 예배하는 하늘에 계신 아버지의 보좌의 기초가 되는 정의와 자비를 확립하는 것이기 때문이다.

그러므로 형제들아 내가 하나님의 모든 자비하심으로 너희를 권하노니 너희 몸을 하나님이 기뻐하시는 거룩한 산 제물로 드리라 이는 너희가 드릴 영적 예배니라 너희는 이 세대를 본받지 말고 오직 마음을 새롭게 함으로 변화를 받아 하나님의 선하시고 기뻐하시고 온전하신 뜻이 무엇인지 분별하도록 하라 (롬 12:1-2)

오직 너희의 심령이 새롭게 되어 (엡 4:23)

'변화를 받는다'는 것은 새로워진 마음으로 나오는 사람들에게 하늘의 진리의 빛이 비추어짐을 의미한다. 이때 당신의 얼굴은 빛나며, 원수를 다스리는 권리와 권세를 알게 되고, 의심은 사라질 것이다. 우리는 그리스도와 같이 영화롭게 되어야만 한다고 강하게 자신을 몰아가는 경향이 지배적인 삶을 살지는 않는지 주의하여 살펴보아야 한다. 그런 의미에서 이 책의 전체적인 맥락인 깨어짐, 겸손, 회개의 기쁨, 종의 마음을 기억하라. 우리를 새롭게 변화시키는 그 모든 것을 가능하게 하는 것이 바로 깨어짐이다.

우리는 오직 그리스도를 통해서, 그리스도 안에서만 그분의 사역을 시작하고 행하는 모든 권리와 권세를 가질 수 있다. 그러므로 이 하나님의 후사된 권리와 권세 그리고 겸손에 대한 가르침은 서로 균형을 유지해야 한다. 어느 한쪽만 강조해서는 안 된다. 둘 다 중요하다.

> 사랑하는 자들아 우리가 지금은 하나님의 자녀라 장래에 어떻게 될지는 아직 나타나지 아니하였으나 그가 나타나시면 우리가 그와 같을 줄을 아는 것은 그의 참모습 그대로 볼 것이기 때문이니 (요일 3:2)

위의 구절에서 '지금'은 '지금 당장'을 의미한다. 비록 현재 우리가 하나님의 자녀로서의 특권과 하나님의 성품을 누리고 미래에 주어질 구원이 확실하다 할지라도, 우리의 미래 상태에 대해서는 구체적으로 계시되지 않았기 때문에 정확히 알 수는 없다. 그러나 그날에 우리는 새사람을 입고 주와 같은 영광의 몸으로 변화되어 주님과 같은 존재가 될 것이다.

이제 우리는 하나님의 자녀가 되었으므로 삶 가운데 담대해야 한다. 아버지를 알기 때문에 자녀로서 담대할 수 있는 것이다. 우리는 하늘 왕국의 주인이 아버지시라는 것을 알고, 아버지의 후사로서 더 이상 노예가 아님을 확신해야 한다. 이제는 종의 신분을 버리고 하나님 아버지의 양자로 받아들여졌기 때문에 더 이상 굽신거리는 노예적 사고방식으로 살 필요가 없다.

하나님의 자녀들은 자신의 신분을 알기 때문에 담대하며, 아버지가 그들의 미래에 대해 높은 기대와 소망을 가지고 계시다는 것을 알고 있다. 그들은 맏아들이 세운 기초를 바탕으로 밝은 미래를 계승하는 사람들이다. 그들은 아버지의 곳간에 있는 모든 것을 소유할 뿐만 아니라 곳간 열쇠도 가지고 있다.

후사로서의 기름부음

성령 안에서 아들들과 딸들은 권세를 가지고 있다. 우리가 후사로서 가진 권세는 주님을 대신하여 다른 사람들에게 행할 능력이요 권리이다. 이것은 우리가 어떤 결정을 해야 할 때나 행동을 할 때, 예수님이라면 이런 상황에서 어떻게 행동하시고 어떤 결정을 내리실까 고민하고 행하는 데 영향을 미친다. 아마도 당신은 지금 그 오래된 WWJD^{What would Jesus do} 팔찌를 찾고 있을지도 모르겠다.

능력은 하나님의 후사 된 권리와 권세에서 온다. 신령한 권한에는 하나님의 자녀가 되는 소명이 동반된다. 그의 집에서 능력이 방출되는 권세를 행사할 권리와 지위가 우리에게 위임되었고, 우리는 그것을 소유하게 되었다. 동시에 그것은 엄청난 책임이기도 하다. 주님은 그 소명을 감당하도록 돕기 위해 우리와 함께 계신다.

> 내가 간구하는 날에 주께서 응답하시고 내 영혼에 힘을 주어 나를 강하게 하셨나이다 (시 138:3)

스가랴 4장 1-7절에 따르면, 우리가 성령으로 은혜를 구하면 아버지께서 응답하신다. 우리가 하나님을 예배하고 그분께 부르짖을 때, 주님의 인자하심과 진리가 은혜의 보좌로부터 흘러나온다. 이제 시편 8편을 읽어 보자.

> 여호와 우리 주여 주의 이름이 온 땅에 어찌 그리 아름다운지요 주의 영광이 하늘을 덮었나이다 주의 대적으로 말미암아 어린 아이들과 젖먹이들의 입으로 권능을 세우심이여 이는 원수들과 보복자들을 잠잠하게 하려 하심이니이다 주의 손가락으로 만드신 주의 하늘과 주께서 베풀어 두신 달과 별들을 내가 보오니 사람이 무엇이기에 주께서 그를 생각하시며 인자가 무엇이기에 주께서 그를 돌보시나이까 그를 하나님보다 조금 못하게 하시고 영화와 존귀로 관을 씌우셨나이다 주의 손으로 만드신 것을 다스리게 하시고 만물을 그의 발 아래 두셨으니 곧 모든 소와 양과 들짐승이며 공중의 새와 바다의 물고기와 바닷길에 다니는 것이니이다 여호와 우리 주여 주의 이름이 온 땅에 어찌 그리 아름다운지요 (시 8:1-9)

우리는 아들과 딸로서 하나님 아버지와 거룩한 동맹을 맺고 있으며, 그분과 결속되어 있다. 자녀들은 여전히 자유롭게 세상으로 나가며, 아버지는 그의 자녀들을 통해 영광을 받으실 것이다. 이것이 하나님의 후사로서의 기름부음이다. 이 원리를 이해하는 것은 천국의 박수갈채를 받는 삶에 있어서 매우 중요하다. 종을 위한 박수가 아니라 자녀를 위한 박수이기 때문이다.

파노라마 예언사역이 참되게 나타나게 하려면, 하나님의 후사로서의 기름부음을 인식하고 잘 알고 있어야 한다. 내가 파노라마 사역에서 경험한 기적 중 몇 가지는 대단히 큰 기적이었는데, 그것이 가능했던 이유는 사람들이 단순히 그리스도 안에서 후사로서의 지위에 대한 계시를 알았기 때문이다.

이것을 사랑의 흘러넘침과 함께 묶어 보자. 아들들은 자신에 대한 자부심을 갖고 있어서 두려움 없이 사랑을 표현한다. 그들은 주님의 집에서 자신들의 위치를 알고 있기 때문에, 세상 사람들로 인하여 해를 입고 얽힌 관계가 될 수 있을지라도 두려움 없이 그들을 사랑할 수 있다. 자녀들에게 죄악으로 가득한 오염된 생활방식은 아무런 매력이 없다. 하지만 자신의 옷을 더럽히더라도 죄악이 가득한 세상에서 한 사람을 끌어올리기 위해서라면, 그들은 가장 악한 구덩이에도 손을 뻗을 수 있다. 아버지는 사람들을 아들로 삼기 전에 그들의 소외감을 깨뜨리시고, 그분과 결속시켜 자녀로서 새로운 관계를 맺게 하신다.

주와 합하는 자는 한 영이니라 (고전 6:17)

이는 그로 말미암아 우리 둘이 한 성령 안에서 아버지께 나아감을 얻게 하려 하심이라 (엡 2:18)

우리가 그 안에서 그를 믿음으로 말미암아 담대함과 확신을 가지고

하나님께 나아감을 얻느니라 (엡 3:12)

하나님의 후사로서의 기름부음은 하나님과 합한 자로 주님과 하나 되어 다른 사람들과 연합할 수 있게 해준다. 우리는 얼마든지 주 안에서 다른 사람에게 주어지는 기름부음을 질투하는 대신 기뻐할 수 있다. 이제 우리는 더 이상 고립되지 않고 두려워하지 않는 하나님의 아들로서, 다른 사람과 연결될까 두려워하는 공허하고 외로운 자, 불법을 행하는 자, 냉담한 자, 버려진 자, 배회하는 자의 마음을 어루만지는 증인이 되어 그들에게 사역한다.

하나님의 후사는 성령 안에서 타당하고 신뢰할 만한 판단을 내린다. 이것은 이 책에서 많이 언급한 분별력이다. 그 판단 때문에 아들들은 실패에 대해 두려워하지 않고 사람들에게 하나님 나라를 전파하기 위해 올바른 길을 추구한다. 그들은 왜곡된 교리나 이상한 영들, 어리석고 정욕적인 활동들에 휩쓸리지 않는다.

그들은 각각의 상황에서 믿음의 규율에 따라 타당한 결정을 내리고 아버지의 뜻을 선택할 것이다. 이렇게 함으로써 하나님은 그들에게 천국을 열어 주실 것이다!

하나님과 대면하는 자

구약성경에서 모세는 신약의 표준이 될 수 있는 '하나님의 친구'가 무엇을 의미하는지 보여 준다. "사람이 자기의 친구와 이야기함 같이 여호와께서는 모세와 대면하여 말씀하시며"(출 33:11). 모세는 아버지와 얼굴을 대면하여 말하는 친밀하고 밀접한 관계 안에서 하나님과 교제를 나눴다.

신명기 4장 9-16절에서 이스라엘 백성이 주의 음성을 들었을 뿐 그분의 형체를 보지 못했다는 것을 알 수 있다. 왜 그랬을까? 왜냐하면 그들이 하나님의 형체를 모방하여 우상을 숭배하고 싶은 유혹에 빠질 수 있기 때문이었다. 하나님은 그들이 하나님을 대체하는 무언가를 예배하지 않을 정도로만 자신을 드러내셨다.

"아무도 내 형상을 보지 못할 것이다"라는 하나님의 말씀은 마치 그들에게 "네가 그것을 우상의 형상으로 만들 것이기 때문이다"라고 말씀하시는 것과 같다. 하나님은 자신을 모방한 그 어떤 물건이나 형상과 자신의 영광을 공유하지 않으신다. 하나님이 형상으로 오셨다면, 그들은 그 상징을 숭배했을 것이다. 그러나 그들이 가리키는 것은 실로 거룩하시고 절대 유일한 속성을 지니신 하나님이 아니기 때문에 하나님은 결코 자신의 형체를 이스라엘 자손에게 드러내지 않으셨다.

그러나 모세는 예외였다. "그와는 내가 대면하여 명백히 말하고 은밀한 말로 하지 아니하며 그는 또 여호와의 형상을 보거늘"(민 12:8). 하나님은 모세에게 위엄스럽고 영광에 찬 임재로 자신을 드러내셨고, 그와 얼굴을 마주 대하고 말씀하셨다. 이는 일반 선지자들에게 사용하시는 꿈과 환상과 같은 계시의 방법을 사용하지 않으시고 오랜 친구처럼 그와 가까이서 대화하셨음을 보여 준다. "이르시되 내 말을 들으라 너희 중에 선지자가 있으면 나 여호와가 환상으로 나를 그에게 알리기도 하고 꿈으로 그와 말하기도 하거니와"(민 12:6).

모세는 우리가 따라야 할 '하늘 보좌에서 하나님과 대면하는 자'의 원형이다. 그는 하나님과 친구처럼 이야기를 나누었고 하나님을 보았다. 왜 그랬을까? 여기에 원칙이 있다. 우리에게서 불순물이 제거되는 만큼 주님은 우리에게 자신을 드러내신다. 우리의 마음속 견고한 진들이 제거되는 것이 그 기준이며, 그에 따라 우리가 주님을 보고 경험하게 된다.

하나님은 이미 당신이 하나님을 찾고 만날 수 있도록 준비해 두셨다. 따라서 하나님을 만나는 것은 전적으로 당신에게 달려 있다. 그의 형상은 오직 당신이 성령을 따라 행하며 의를 이룰 때 나타난다. 이것은 매우 간단하면서도 중요한 원칙이다.

히브리서 12장 18-29절을 공부해 보라. 우리는 두려움과 경건함으로 믿음을 흔드는 것들을 제거하여 믿음 위에 굳건하게 서야 한다. 천국의 박수갈채는 아버지의 형상을 볼 수 있는 하나님의 자녀로서의 권리와 권세를 이해하는 자에게 주어진다. 하나님의 아들들은 그분의 본질을 사람들에게 계시하고 드러낼 수 있는 지점까지 영적 능력을 끌어올리고 발전시켜야 한다. 이 계시는 그들의 사역으로 변환될 수 있는데, 그중 하나가 바로 파노라마 사역이다. 하나님의 아들들이여, 앞으로 전진하라!

14. 믿음의 다운로드

　이 책에서 한두 번 이상 언급한 것처럼 믿음은 파노라마 예언사역의 중요한 요소이다. 앞서 언급했듯이 이것은 우리의 믿음이 아니라 하나님 아버지로부터 받은 믿음의 은사를 말한다. 특히 파노라마 사역의 경우, 믿음은 하나님으로부터 우리 삶에 다운로드되어 치유의 기적을 완성한다. 이 다운로드 없이는 주님의 영광이 극대화되어 나타나지 못할 것이다. 주님이 의도하시는 수준의 기적을 믿기가 어렵기 때문이다. 이번 장에서는 믿음의 다운로드에 대해 살펴보자.

믿음의 은사

믿음의 은사(고전 12:9)와 영 분별을 위해 파노라마가 역사하는 가운데 행하는 것은 하나님의 믿음의 나타남으로 주님의 주권적 중재와 통치를 경험하도록 박차를 가한다. "그러므로 내가 너희에게 말하노니 무엇이든지 기도하고 구하는 것은 받은 줄로 믿으라 그리하면 너희에게 그대로 되리라"(막 11:24).

이 말씀은 우리의 믿음과 연결된 하나님의 믿음에 대한 약속이다. 이것은 하나님의 자녀로서 우리에게 일반적으로 유용한 차원 이상을 의미하는 것으로, 믿음의 높은 질서 안에서 실행되는 인생의 높은 질서에 대한 약속이다.

전쟁에서 우리에게 승리를 안겨 주는 것은 바로 믿음이다. 모세가 손을 들었을 때 이스라엘이 승리하였고, 손을 내렸을 때 아말렉이 승리하였다(출 17:11). 믿음은 공동체 내부의 물질적 필요를 채워 주고(왕하 4:1-7), 죽은 자를 살리며(요 11장), 마귀를 내쫓고(마 17장), 기근과 금식에 초자연적 양식을 제공하며(왕상 17장), 방향을 수정해 준다(행 5장). 여기서 말하고 있는 믿음은 바로 이런 종류의 믿음이다.

다운로드된 믿음의 은사는 스스로 믿을 수 없는 우리가 하나님의 놀라운 약속을 받을 수 있도록 하나님 안에 귀속된 믿음이다. 믿음의 은사는 직접적이고 초자연적인 복을 확보하는 데 이용되는데, 이것은 하나님의 믿음이 뒷받침되어야 함을 의미한다. 믿음의 은사는 치유의 기름부음과 통합되어 강력한 역사를 일으키기에 충분한 능력이다. 특히 파노라마 예언사역과 함께 이루어질 때 더욱 그러하다.

네가 무엇을 결정하면 이루어질 것이요 네 길에 빛이 비치리라 (욥 22:28)

믿음의 은사는 성도들을 향한 직접적이고 초자연적인 성령의 임파테이션이다. 이러한 종류의 은사는 오직 성령 안에서만 가능하다. 초자연적 믿음은 특정한 상황에서, 특정한 필요를 충족시키기 위해 주어진다. 하지만 그 필요가 충족되면, 믿음의 은사는 사라진다.

이것의 좋은 예로 누가복음 8장 22-25절을 들 수 있다. 광풍으로 배가 물에 잠기자, 예수님께서 바람과 물결을 꾸짖으셨다. 주님은 필요한 순간에 하나님의 믿음의 임파테이션을 받으셨다. 그리고 그 믿음이 전달되도록 "잠잠하라"고 말씀하셨다. 나는 제자들도 그렇게 할 수 있었다고 믿는다. 그들도 믿음의 은사로 폭풍을 잠재울 수 있었다. 하지만 그들은 그런 종류의 믿음을 사용해 본 적이 없었기 때문에 실패한 것이다.

절박한 상황에서 그들은 오히려 두려움에 마음을 열었다. 그러나 주님은 같은 위기 속에서 믿음을 향해 마음을 여셨다. 예수님은 제자들에게 믿음이 어디 있느냐고 물으셨다. 예수님은 제자들이 거센 폭풍을 향해 잠잠하라고 명령하는 믿음을 가질 수 없었다는 것을 알고 계셨을 것이다. 주님은 그들로 하여금 어떻게 아버지의 믿음을 사용해야 하는지 가르치고 계셨다. 또 다른 좋은 예는 마태복음 14장

25-33절의 베드로가 물 위를 걸은 사건이다.

믿음의 은사가 사용되는 순간에 그 사람은 하나님의 믿음의 통로가 된다. 따라서 그 말을 하는 사람이 중요한 것이 아니라 이미 표현된 말 뒤에 숨겨진 믿음이 중요하다. 하나님의 믿음이 뒷받침될 때, 우리의 언어는 하나님처럼 창조적이다.

> 여호와의 말씀으로 하늘이 지음이 되었으며 그 만상을 그의 입 기운으로 이루었도다 그가 바닷물을 모아 무더기 같이 쌓으시며 깊은 물을 곳간에 두시도다 온 땅은 여호와를 두려워하며 세상의 모든 거민들은 그를 경외할지어다 그가 말씀하시매 이루어졌으며 명령하시매 견고히 섰도다 (시 33:6-9)

우리의 기도는 주님의 믿음이 초자연적인 믿음으로 힘을 받는 짧고 굵은 명령을 통해 흘러나가는 통로로 쓰일 수 있다. "믿음의 기도는 병든 자를 구원하리니 주께서 그를 일으키시리라 혹시 죄를 범하였을지라도 사하심을 받으리라"(약 5:15). 이것에 대한 좋은 예가 죽었다가 다시 살아난 나사로 이야기이다 (요 11:43). 또한 엘리야가 아합 왕에게 더 이상 비가 내리지 않을 것이라고 선포하였기 때문에 그의 선포가 바로 "나의 말"(왕상 17:1)이 된 것이다. 엘리야의 선포와 주님의 선포를 합하면, 믿음의 은사를 방출하는 믿음의 열매가 된다. 엘리야가 믿음으로 선언하였기 때문에 하나님께서 그 선언과 함께하신 것이다.

믿음의 은사를 가진 사람들은 하나님이 그들의 언어를 귀하게 여기시고 기적으로 역사하시는 방법으로 하나님을 믿는다. 이에 대한 좋은 예가 바로 예수님께서 말씀하셨던 기도와 금식을 통하여 역사하는 더 높은 차원의 축사이다. "이르시되 기도 외에 다른 것으로는 이런 종류가 나갈 수 없느니라 하시니라"(막 9:29). 이 개념은 우리가 앞서 이야기한 하나님의 후사로서의 기름부음의 일종으로, 우리에게 주어진 권세는 아버지께서 말씀하시듯 말할 권리를 부여한다.

이것이 사도행전 4장 33절에서 증거하고 있는 큰 권능과 은혜의 일부이다. 그러나 여전히 하나님께서 믿음의 은사를 베푸시는 주도권을 가지고 계심을 잊지 말자. 오직 성령님의 뜻에 따라 주님의 믿음과 같은 특별한 필요가 채워진다(고전 12:11 참고). 이것이 바로 분별력으로 추측하는 것을 피하기 위해 성령의 내재적 증거와 역사를 따라야 하는 매우 중요한 이유다. 우리는 세상이 우리가 선포하는 모든 크고 작은 명령에 순응할 것이라고 기대하지 말고, 경건하게 주의하는 법을 배워야 한다.

주님은 그것에 대한 권리를 가지시며, 오직 그분이 원하시는 대로 그것을 우리에게 허락하신다. 따라서 우리의 필요가 충족될 때, 하나님께서 그 믿음을 철회하신다는 것을 기억해야 한다. 그 후 우리는 또 한 번 겨자씨의 믿음을 연습하고 길러야 하는 차원으로 남겨진다(마 17:20 참고). 믿음의 은사는 양보다 질에 있다.

믿음의 은사는 기적의 역사와는 다른 차원의 은혜가 임파테이션 되는 것이다. 나는 창조적인 기적이 믿음의 은사를 필요로 한다고 믿지만, 기적의 역사는 우리가 받을 수 있는 은사이다. 기적의 역사는 성령이 하시는 일들인 반면, 믿음의 능력은 성령을 통해 받고 누리는 것이다. 기적의 역사는 더 능동적이고, 믿음의 은사는 더 수동적이다. 믿음의 은사는 성령으로부터 온다. 그래서 사람들은 기적을 행하기보다 기적을 받게 된다.

믿음의 은사를 포함하여 필요에 따라 영적 은사를 사모하는 것은 놀라운 일이다. 하지만, 믿음의 은사를 통해 들어갈 영광의 대면들은 미리 정해져 있고, 이러한 영광스러운 대면들은 큰 고난 속에서도 여러 번 찾아온다. 문제를 해결하기 위해 하나님의 개입을 요청하는 어려운 상황들 가운데서 말이다.

또한 믿음의 은사는 수동적으로 기적을 기대하는 믿음을 사용한다. 이 말이 이상하게 들릴 수도 있겠지만, 몇 초 동안 곰곰이 생각해 보기 바란다. 이것은 지속적이거나 지속 가능한 기적의 경우에 해당하며, 미래의 확실성과 눈에 보이지 않는 현실들에 대한 확신을 부여하고 오랜 시간에 걸쳐 묵묵히 역사하는 기적이다.

이에 대한 훌륭한 증거를 위해 내 아들과 며느리가 쓴 소책자 《양수 없이 생존한 8주》Eight Weeks with No Water를 추천한다. 이 책은 내 손자 크리스천이 어떻게 엄마의 뱃속에서 4개월 이상 기적적으로 살아남았으며, 그중 두 달은 양수 없이 생존하였는지 설명한다. 이에 대한 놀라운 성경의 예가 사자 굴에서 구원받은 다니엘의 이야기이다. 여기서 그를 보호한 것이 바로 믿음의 은사였다(단 6장).

안식

파노라마 예언사역에서 믿음의 은사는 우리가 취해야 할 안식과 연결된다. 그것은 하나님의 믿음이 역사하는 것이기 때문에, 기적의 역사를 보는 데 필요한 요소는 안식이다. "여호와께서 이르시되 내가 친히 가리라 내가 너를 쉬게 하리라"(출 33:14).

안식이란 무엇인가? 스트레스, 갈등, 혼란, 긴장, 번거로움, 쉬지 않고 일하는 중에 휴식을 취하는 것이다. 믿음의 안식이란 가장 적절한 안식의 장소이다. "그런즉 안식할 때가 하나님의 백성에게 남아 있도다"(히 4:9).

믿음의 은사와 파노라마 사역에서 의미하는 바와 같이, 안식은 내면을 강화시키는 내적 작용에 의해 최선의 힘과 능으로 기능할 수 있는 능력이다. 이러한 종류의 안식은 우리의 믿음과 연결되는데, 이때의 믿음은 우리가 하나님을 신뢰하는 일반적인 태도, 즉 믿음의 은사와는 다르다. "믿음이 없이는 하나님을 기쁘시게 하지 못하나니 하나님께 나아가는 자는 반드시 그가 계신 것과 또한 그가 자기를 찾는 자들에게 상 주시는 이심을 믿어야 할지니라"(히 11:6). 이런 종류의 믿음은 우리가 하나님과 개인적인 관계를 지속할 수 있도록 동기를 부여하고 지시하며, 그것을 가능하게 한다. 이것은 의로운 삶을 위한 기초이다.

믿음의 열매가 맺히는 것은 필요할 때 믿음의 은사를 풀어 주는 것으로, 안식으로 이끌면서 그 안으로 들어온다. 믿음의 열매는 히브리서 11장 1절에 정의된 것처럼 언제나 믿음의 본성이다. "믿음은 바라는 것들의 실상이요 보이지 않는 것들의 증거니." 믿음의 열매는 믿음의 은사를 위한 기초이다.

모든 믿음은 하나님의 믿음이다. 우리가 뭐라고 부르든, 그것은 하나님으로부터 오는 것이다. 그러나 믿음의 은사에 대한 주권적이고 초자연적인 발현은 보다 높은 질서, 즉 하나님으로부터 비롯되는 특별한 것으로, 그분의 영원한 속성이 드러나는 실제적인 측면이다. 따라서 이런 종류의 믿음에는 한계가 없다. 그러나 그것이 필요한 순간에 성령께서 우리에게 직접 전가하신 것임을 잊지 말자.

믿음의 선포는 초자연적인 믿음에 의해 더욱 강력해진 구체적인 명령이다. 믿음의 은사는 종종 우리의 사역 가운데 다른 성령의 은사들을 가져다주는 촉매제 역할을 한다. 이것이 치유의 기름부음이 풀어지는 파노라마 사역과 결합되면, 우리의 모든 필요를 채우시는 하나님의 능력이 역사하는 것을 보게 될 것이다. 그리고 우리는 하나님의 은혜와 믿음으로 먼저 천국에 간 사람들로부터 박수갈채를 받게 될 것이다.

15. 구소련

1991년 봄, 우리는 러시아로 가는 사역에 초대받았다. 같은 해 8월에 발생한 쿠데타 바로 이전이었는데, 놀랍게도 그해 성탄절에 구소련이 해체되는 일이 일어났다. 그 당시 소련 비자를 허가받은 외국인 사역자가 거의 없었기 때문에, 이러한 여정은 매우 드문 일이라 할 수 있었다.

우리는 구소련에서 사역한 후, 지도상 모스크바에서 서쪽으로 음푹 들어간 것처럼 보이는 라트비아의 수도인 리가로 들어간 다음, 거기서 남서쪽으로 20여 마일 더 가야 닿을 수 있는 젤가바라고 불리는 마을로 갔다. 몇 달 전, 갈보리 국제선교회가 이곳에 성경학교를 설립했는데, 내가 잘못 알고 있는 것이 아니라면 이 학교는 구소련에 설립된 최초의 은사주의적 성경대학이었다.

학장은 학교 홍보를 위해 부지런히 광고하였지만, 사람들의 반응은 냉담하였다. 그와 그의 가족, 통역관, 그리고 한 쌍의 부부가 전부였다. 이러한 상황에 학장은 낙심하였다. 그들은 자신들이 하나님의 때를 놓친 것은 아닐까 자책하면서 학교 문을 닫을 생각까지 하였다.

어느 날 아침, 학장은 기도 중에 주님으로부터 기차 차고로 가라는 감동을 받았다. 약간 이상하다고 생각했지만, 그럼에도 불구하고 그는 인도하심에 순종하여 기차 차고로 걸음을 옮겼다. 크게 그곳 주위를 맴돌며 둘러보다가 두 아이와 커다란 여행가방을 들고 있는 부부를 만났는데, 그들은 마치 살던 곳에서 쫓겨나 어디로 가야 할지 모르는 사람들처럼 보였다. 성령의 인도하심을 따라 그는 그들에게 다가가 왜 길을 잃고 여기에 있는지, 또한 자신이 도울 일은 없는지 물어보았다.

남편보다 영어를 더 잘 구사하는 그의 아내가 학장에게 대답하였다. "선생님, 제가 하는 말을 믿지 않으시겠지만, 제 남편은 아주 부유한 사업가였습니다. 우리 둘 다 영적인 꿈을 꿨는데, 소유한 것을 모두 처분하고 여기 젤가바로 가라는 내용의 꿈이었습니다. 그리고 하나님은 주님의 사람이 우리를 만나러 올 때까지 차고에 서 있으라고 하셨습니다. 그가 우리를 사역자로 훈련시켜 주님을 섬기게 할 것이라고 하셨습니다. 좀 이상하게 들리시지요?"

학장은 소스라치게 놀랐지만, 마음을 가라앉히고 말했다. "아닙니다. 제가 그 주님의 사람이니, 저와 함께 가시지요."

그 후 몇 주 동안, 학장은 하루에 두세 번씩 버스 정류장이나 기차 차고, 때로는 비행기를 타고 온 사람들을 만나기 위해 리가로 가서 꿈과 주님의 초자연적인 방문, 혹은 예언의 말씀에 따라 훈련을 받으러 온 사람들을 젤가바로 데리고 왔다. 소비에트 연방의 위성국에서 온 사람들의 숫자는 모두 178명이었고, 이들이 이 성경대학의 첫 결실이 되었다.

우리가 도착했을 때 그들은 학기 중이었는데, 나는 3주 동안 통역의 도움으로 그들을 가르칠 수 있었다. 교육이 끝났을 때, 주님의 영이 나에게 임하였다. 나는 매우 깊고 특별한 기름부음 가운데 특별한 예언의 시간이 될 것임을 확신하였다.

나는 한 쌍의 부부를 일으켜 세워 그들을 위해 예언하기 시작하였다. 그런데 예언의 3분의 1쯤 지났을 때, 통역자가 갑자기 나에게 이렇게 말했다.

"무엇을 하시는 건가요?"

"저분들에게 하나님의 말씀을 전하고 있습니다."

"그게 무슨 말씀이시죠?"

그들은 불과 몇 주 전에 개강을 해서 개인적으로 예언을 받을 시간이 없었다고 하였다. 나는 그제야 그들의 상황이 이해되었다. 그들은 전에 그러한 예언을 받아 본 적이 없었다. 나는 시간을 내어 그들에게 예언에 대하여 알려 주었다.

일단 예언에 대한 기본 개념이 세워지자 사역이 순조롭게 진행되었다. 각각에게 선포된 예언은 믿을 수 없을 정도로 구체적이었다. 성령의 감동하심으로 사랑의 통로가 된다는 것은 참으로 놀라운 일이다. 나는 나비의 흐름('나비'는 예언자라는 의미의 히브리어로, 그는 예언을 통해 덕을 세우며 권면하고 위로한다, 고전 14:3 참고)에 감동되어 예언하였다.

그들의 머리 위로 그들의 부르심과 소명과 은사에 대하여 쓰여진 일종의 자막을 보았다. 그 자막은 영어로 나타났지만, 그들이 사역을 위해 가야 할 도시와 마을 이름, 고향마을 이름 등은 발음하기가 어려웠다. 그래서 통역자에게 철자를 하나하나 알려주자, 그는 "아 그거요? '블라가그다파그리츠보나나나'라는 말씀이신가요?"라고 발음해 주었다. 나는 "예, 바로 그곳입니다"라고 대답하였다.

주님은 그들이 섬길 교회의 이름이 무엇인지 말씀하셨고, 또한 이고르, 보리스, 블라디미르 등과 같은 이름을 가진 사람들이 그 교회의 장로가 될 것이라고 말씀해 주셨다. 그것은 참으로 놀랍고도 경이로운 일이었다.

그들은 성령으로 충만하였다. 그렇게 성령에 취한 사람들을 본 적이 없었다. 하나님의 역사는 매우 강력했고, 예언사역 가운데 그들은 몇 시간 동안 그곳에 누워 있었다. 그날 치유와 축사가 예언사역과 결합되어 나타났다.

그곳에서 만난 178명의 사람들은 각각의 분야에서 영향력 있는 사역자가 되었는데, 대부분 교회, 중보기도 단체, 순회전도사역으로 섬기는 훌륭한 리더들이 되었다.

당시 한 남자가 예언을 받기 위해 내 앞에 섰던 것이 기억난다. 파노라마 예언사역을 통해 나는 그가 사역을 위해 자신의 인생에서 가장 소중한 것을 포기했음을 보았다.

나는 이렇게 예언하였다. "나는 당신이 수천 명을 위해 노래하는 무대에 서 있는 것이 보입니다. 그런데 당신은 무대 위에 기타를 내려놓고 주님께 항복하고 있어요. 주님이 말씀하시기를, 당신이 주님을 위해 그렇게 했기 때문에 다시 그 악기를 들고 이 나라로 갈 것이라고 말씀하십니다." 그때 내가 본 나라는 루마니아였는데, 거기서 멈추었다. 루마니아는 거기서부터 천 마일쯤 떨어진 곳이었다. 예언은 매우 구체적이었다.

파노라마 예언사역의 열쇠는 우리의 믿음에 그분의 믿음을 더하는 주님을 신뢰하며 믿음의 발걸음을 내딛는 것이다.

나는 계속해서 예언하였다. "당신이 루마니아로 가는 것이 보입니다. 당신은 찬양과 경배로 수천 명의 젊은이들이 하나님 나라로 돌아오게 하는 일에 쓰임 받을 것입니다."

남자는 몸을 부르르 떨며 성령의 능력 아래 쓰러져 한 시간 반이나 누워 있었다. 정신이 들자, 그는 성령에 취해 비틀거리며 나에게 다가와서 누가 자신에 대해 말해 주었느냐고 물었다. 아마도 누군가가 자신에 대한 이야기를 나에게 해주었다고 생각한 듯하다. 그런 질문은 이미 수천 번도 더 들었기 때문에 나는 그에 대해 전혀 아는 바가 없다고 말해 주었다. 그러자 그가 말하였다.

"저는 6개월 전에까지만 해도 루마니아 제일의 록 가수였습니다. 2만 2천 명의 젊은이들 앞에서 콘서트를 하던 중 성령께서 저의 마음에 찔림을 주셨습니다. 어머니였는지 할머니였는지 정확히 기억나지 않지만, 어릴 때 그분의 무릎 위에 앉아 예수님의 구원에 대하여 들었던 것이 떠올랐습니다. 저는 노래를 멈추고, 바로 무릎을 꿇고 구원을 간청하였습니다. 사람들은 혹시 내가 미친 것은 아닌지 의아해했지만, 저는 즉시 성령으로 세례를 받았습니다. 저는 기타를 무대 위에 내려놓고 관중을 향하여 주님을 위해 기타를 포기했다고 선언하였습니다. 그리고 예수님께 삶을 드리고 싶은 사람이 있다면 무대 위로 올라오라고 초청하였습니다. 그러자 2천 명이 앞으로 나와서 구원을 받았습니다. 그 후, 저는 이 성경대학으로 가라는 주님의 초자연적인 방문을 받았습니다."

그가 성경대학을 졸업하자, 하나님은 그에게 영감을 주셔서 수많은 곡들을 쓰게 하셨다. 그는 영감이 넘치는 예배 앨범과 DVD를 제작하여 유럽에서도 손에 꼽히는 능력 있는 찬양인도자가 되었다.

이렇듯 파노라마 예언사역의 통로가 된다는 것은 얼마나 놀라운 경험인가!

16.
부흥의 유업 이어가기

　이 책을 마무리할 때가 되었지만, 마지막으로 한 가지 더 생각해 보고자 한다. 그것은 주님이 보여 주신 것으로, 천국의 박수갈채를 받기 위한 열쇠, 바로 영적 유업을 상속받는 것이다.

　나는 하나님의 능력을 더 크게 경험하는 데 필수적인 요소가 겸손과 깨어짐이라고 확신한다. 여기에 더해 긍휼, 믿음, 의로움의 중요성도 잊지 말아야 한다. 이제껏 우리는 파노라마 예언사역이 어떻게 치유의 기름부음과 연관되는지에 대해 살펴보았다. 또한 분별의 영을 극대화하는 것과 믿음으로 주님이 임재하시는 곳으로 들어가 그리스도의 몸을 이루는 우리만의 예언사역을 찾고 세우도록 격려하는 간증들을 나누었다.

위의 내용들을 모두 종합하면, 바로 '부흥'이라는 단어로 귀결된다. 나는 영적 부흥을 사모하는 부흥사이다. 나는 모든 성도들이 주님의 영광을 향한 열정으로 심령이 뜨거워지기를 바란다. 사역을 지속할수록 부흥이 진정한 생명이라는 것을 깨닫게 된다.

부흥의 영단어 'Revival'에서 'Re'라는 접두어를 떼어내기 바란다. 우리가 '다시'^{re} 살아나는 것이 아니라 원래대로 살아 있는 생생한 생명으로 살아가야 하기 때문이다. 예수님의 이름으로 그의 신부에게 행하기 원하시는 그 모든 충만함을 드러내는 생명의 길이 있다. 바로 모든 증거, 표적, 이적, 위대한 일, 축사, 치유, 구원 등은 지금 여기서 하나님 나라를 맛보는 천국의 생명이다.

삶의 방식으로서 그것을 얻기 전에 우리는 먼저 하나님께서 행하실 일들에 대하여 준비해야 한다. 유업을 잇는 것, 즉 내가 생각하는 상속의 정의는 당신의 정의와 다를 수도 있다. 우리는 대부분 우리보다 먼저 세상을 떠난 사람들이 남긴 것을 유산이라고 생각한다. 하나님이 이전에 행하신 일에 대한 기억의 영적 우물을 다시 파고, 어떻게 해서든 그때의 일을 기억하며, 다시 그러한 일들이 일어나기를 기대하고, 그것을 현재로 가져오려고 한다.

물론 이 모든 것에는 정확한 개념이 있다. 만약 우리가 하나님이 과거에 행하신 강력한 역사들을 무시한다면, 우리는 무지한 자들이다. 우리는 우리의 역사를 공부해야 하고, 그것을 알아야 하며, 거기에 살아야 하고, 그것을 후대에 가르쳐야 한다.

여호와께서 시온의 포로를 돌려보내실 때에 우리는 꿈꾸는 것 같았도다 그 때에 우리 입에는 웃음이 가득하고 우리 혀에는 찬양이 찼었도다 그 때에 뭇 나라 가운데에서 말하기를 여호와께서 그들을 위하여 큰 일을 행하셨다 하였도다 여호와께서 우리를 위하여 큰 일을 행하셨으니 우리는 기쁘도다 여호와여 우리의 포로를 남방 시내들 같이 돌려 보내소서 눈물을 흘리며 씨를 뿌리는 자는 기쁨으로 거두리로다 울며 씨를 뿌리러 나가는 자는 반드시 기쁨으로 그 곡식 단을 가지고 돌아오리라 (시 126:1-6)

이 나라의 많은 도시들, 그리고 수많은 이웃들을 진정으로 변화시키기 위해서는 그들이 영적 유산을 받을 수 있도록 준비시켜야 한다. 천국의 강력한 역사는 죽은 사람들을 다시 살리는 부흥에 있다. 부흥은 놀라운 것이다. 그런데 나의 관심은 그 놀라운 부흥을 경험한 이후 그것이 계속 지속되게 하는 데 있다. 그렇지 않으면 하나님은 끊임없이 죽은 자를 다시 살리셔야 할 것이다.

위의 시편에 나오는 이스라엘처럼 주님이 우리를 자유케 하셔야만 우리가 포로에서 풀려날 수 있다. 우리를 다시 한 번 살려 주셔야 한다. 그렇게 함으로 하나님은 떼를 지어 기어다니고, 먹어 치우고, 물어 씹는 메뚜기 떼에 의해 파괴된 것을 다시 회복하신다(욜 2:25). 그 결과, 다시 살아난 우리가 다른 사람들에게 그 영적 유산을 물려주어야 한다. 나는 다른 사람의 삶에서 추수를 거두기 위해 당신의 삶에 씨를 뿌리는 것의 중요성에 대해 말하고 있는 것이다. 당신이 다시 살아난 것은 다른 사람들을 살리는 간증이 된다.

내 안에 부흥의 불길이 타올라야 그것으로 다른 사람을 뜨겁게 할 수 있다. 나에게 있어서 부흥이란 성도들이 가끔씩 경험하는 예외적인 사건을 의미하지 않는다. 그것은 그리스도인의 정상적인 삶의 방식이어야 한다. 정상적이라 함은 하나님의 영광, 웅장함, 능력, 표적, 이적, 기사 등이 매일의 삶 속에서 반복되는 일상이 되는 것을 의미한다.

> 그 정사와 평강의 더함이 무궁하며 또 다윗의 왕좌와 그의 나라에 군림하여 그 나라를 굳게 세우고 지금 이후로 영원히 정의와 공의로 그것을 보존하실 것이라 만군의 여호와의 열심이 이를 이루시리라 (사 9:7)

눈물로 씨를 뿌리라

하나님은 언제나 그분의 목적과 활동에 주도적이셔서 "영광에서 영광으로" 움직이신다(고후 3:18). 다음 세대에 이르러 부흥이 마지막이 된다면, 그것처럼 비극은 없을 것이다. 그러나 하나님은 언제나 앞서 행하신다. 1948년에 있었던 '늦은 비 운동'은 1965-1967년에 일어난 은사운동으로 이어졌고, 이 운동은 1971-1975년의 예수운동이 되었으며, 1988년의 예언 회복운동과 1997년의 사도적 부흥운동으로 이어졌다.

물론 우리는 하나님께서 과거에 행하신 일을 찬양해야 한다. 하지만 나는 교회가 이미 완성된 방식으로서 과거의 일들에 기념석을 세우는 것은 위험하다고 본다. 계속해서 뒤를 돌아보는 것은 일종의 두려움이나 게으름과 연관되어 있다. 어떤 이유에서든 사람들은 현재 하나님께서 행하시는 방법에 순종하며 나가기를 꺼린다.

오늘날 대중들이 소화하기 쉽도록 복음의 능력을 약화시키는 경향이 있다. 이것을 소위 '구도자운동'이라고 부르는데, 그것이 모두 악하거나 잘못되었다는 말이 아니다. 이는 단지 불완전할 뿐이다. 이것은 하나님의 능력을 한 번도 경험해 본 적이 없는 대책 없는 성도들을 양산한다. 그들의 믿음은 정체되어 보통 수준 이하로 하향 평준화되어 있다. 우리는 오늘날의 기독교가 우리 사회 가운데 얼마나 적절한지, 즉 선한 영향을 끼치는지 의아해하고 있다. 우리는 '경건의 모양'으로부터 벗어나야 한다(딤후 3:5). 하나님은 여전히 먼저 앞서 행하신다. 그런데 우리가 뒤쳐져 있는 이유는 무엇인가?

모든 사도운동의 주요 구성요소 중 하나는 영적 아비들을 세우는 것이다. 하지만 내가 묻고 싶은 것은 아비들이 아들에게 유산을 물려주는 것에 대한 것이다. 아비가 된다는 것의 요점은 충분한 부를 남겨서 자손들이 그보다 더 높은 수준에서 살게 하는 데 있다. 소위 '아메리칸 드림'이라는 것이 바로 이런 것 아닌가? 하나님에 대한 우리의 경험은 우리 자손들의 출발점이 되어야 한다. 영적 부흥의 유업을 다음 세대에 남겨야 하는 것이다.

그러나 안타깝게도, 많은 부분에 있어서 다음 세대가 성장하기 위해 경험해야 할 부흥이 일어나지 않고 있다. 각각의 사건은 그 순간, 그 사람들에게는 특별한 것이다. 다음 세대의 아이들은 다시 새로운 것을 만들어 내고, 그것에 대한 자기만의 방식을 찾아야 한다.

예수운동을 경험한 우리 세대는 우리가 경험한 기사와 이적과 표적과 같이 영혼을 뒤흔드는 경험이 우리 아이들에게 얼마나 전달되었는지 장담할 수 없다. 이것은 매우 슬픈 일이다. 우리 세대가 밀레니엄 세대들에게 '늦은 비 운동'과 '치유의 음성운동'에 대하여 말할 때, 그것이 무엇을 의미하는지 그들이 모를 것이기 때문이다. '믿음의 말씀운동'을 기억하는가? '예언자와 사도운동의 회복'을 기억하는가? 우리는 단지 구도자 교회 안에서 성장하고 있는 혼돈에 빠진 아이들의 얼굴을 대면하게 될 것이다. 그 구도자들은 어디로 갔는가? 오늘날 교회 안에 얻을 것이 많지 않은 듯 앉아 있는 사람들이 정말 많다.

이런 현실을 보면 우울해진다. 그렇다면 해답은 무엇인가? 우리가 눈물을 흘리며 씨를 뿌릴 때, 기쁨으로 추수하게 될 것이다. 우리는 눈물 흘리며 다음 세대를 위해 씨를 뿌려야 한다.

잠시 시간을 내어 마가복음 9장 14-29절을 읽어 보기 바란다. 아비의 눈물은 아들이 더 높은 수준에서 시작할 수 있는 발판이 된다. 그들은 "저에게는 믿음이 없습니다. 불신을 극복하도록 도와주세요"라고 부르짖는다. 아들은 아버지의 불신을 물려받을 필요는 없지만, 아버지의 깨어짐은 물려받을 수 있다. 곧 그 아이는 "불신을 이기는 기적의 경험 덕분에 믿음이 생겼다"고 외칠 것이다.

당신은 수고하지 않아도 유업을 상속받는다. 그것이 기적에 대한 은혜의 본질이다. 그렇다고 선물로 받은 것을 개발하기 위해, 특별히 미래를 위해 대가를 지불할 필요가 없는 것은 아니다. 이것이 바로 우리가 여기서 말하고 있는 것이다. 은사들은 값없이 선물로 주어진다. 하지만 성숙에는 많은 대가가 따른다.

하나님께서는 다음 세대가 쇠약해지지 않고 더욱 강력해지기를 원하신다. 이미 다루어지고 제거된 것들은 다음 세대에게는 문제가 되지 않는다. 하나님은 그분의 나라가 다음 세대 가운데 더욱 왕성해지기를 원하신다. 멈춰서고 시작하고, 다시 멈춰서고 시작하는 것은 왕성함에 이르는 데 방해가 된다. 멈추고 다시 처음부터 시작하는 것은 우리의 정체성에 맞지 않는다.

> 더러운 귀신이 사람에게서 나갔을 때에 물 없는 곳으로 다니며 쉬기를 구하되 얻지 못하고 이에 이르되 내가 나온 내 집으로 돌아가리라 하고 가서 보니 그 집이 청소되고 수리되었거늘 이에 가서 저보다 더 악한 귀신 일곱을 데리고 들어가서 거하니 그 사람의 나중 형편이 전보다 더 심하게 되느니라 (눅 11:24-26)

부흥이라는 맥락에서 위의 구절은 우리 마음을 씁쓸하게 한다. 만약 어떤 곳에 부흥사가 있다면, 그가 이전에 있었던 곳은 그의 이동으로 인하여 공백이 생긴다. 원수들은 그것을 다음 세대가 하나님이 역사하시는 흐름을 이해하지 못하도록 방해하는 도구로 사용한다. 그것은 일곱 배나 더 나빠질 가능성이 있다.

우리는 구원의 진리를 성공적으로 수호해 왔고, 이것을 다음 세대에게 물려주어야 한다. 우리는 회심을 위해 상속된 믿음의 큰 파도를 타고 있다. 그런데 하나님 나라의 복음, 즉 그 생명력을 증거하는 표적과 이적과 기사가 있는 복음을 제대로 선포하고 있는가? 만약 이러한 사역을 이끄는 세대가 이 물음에 대답한다면, "그렇다"고 할 것이다. 우리가 지금 목도하고 있는 것이 무엇인지 상상이 되는가?

나는 그때가 바로 지금이라고 믿는다. 하나님 나라가 여기에 임한다. 우리에게 권위와 확신이 회복되었다. 광야에서의 싸움이 거의 끝나가고 있다. 찌꺼기가 위로 올라왔다. 정련이 이미 시작되었고, 우리는 이제 영적·육적 자녀들에게 물려줄 유업을 만들어내는 삶의 변화를 이해하게 되었다. 그래서 이 책을 읽어야 하는 것이다. 이 책에서 다음 세대에게 물려주어야 할 유업을 어떻게 상속받는지를 배울 수 있기 때문이다.

앞으로 우리가 겪을 세 가지 단계를 말해 보겠다. 이것은 아주 간단하지만, 우리는 종종 원을 그리면서 다음에 무슨 일이 일어날지, 하나님은 지금 어디에 계신지 알아내려고 노력한다. 우리는 하나님의 움직임을 알기 위해 자신을 필요 이상으로 밀어붙인다. 그러나 당황하지 말기 바란다.

첫 번째 단계는 하나님의 일하심이 어떠한 일을 마무리하시고 난 후에 시작된다. 간단히 말하자면 종말이다. 그것이 이 책의 첫 부분인 회개, 깨어짐, 겸손, 산산이 조각난 상태이다.

그리고 두 번째 단계는 혼돈의 시기로, 그것은 전환의 일부이기도 하다. 하나님이 새로운 일을 행하시는 것을 보는 것이 약간 낯설 수도 있다. 우리가 전에 경험하지 못한 방식으로 하나님을 경험할 때, 다소 놀랄 수 있다. 하지만 우리는 하나님의 역사를 빠르게 받아들이고 있으며, 다음 세대들은 그러한 우리의 모습을 보고 있다.

세 번째 단계는 새로운 시작이다. 하나님은 새 일을 행하시며, 그것이 우리 안에 생생히 살아 있게 하는 일은 우리의 몫이다. 죽은 것을 계속해서 되살릴 필요가 없다. 우리는 배운 것과 경험한 것을 거저 줄 것이다. 그 경험들을 다음 세대에게 전달하게 될 것이다. 광야에서 불꽃을 일으키기 위해 막대기 두 개를 비벼댈 필요가 없다. 우리 안에 있는 활활 타오르는 횃불을 전달하면 그만이다!

그러나 우리의 마음과 감정은 변화에 저항한다. 성령의 깨뜨리심을 기억하라. 우리의 마음은 본질적으로 하나님에 대해 적대적이다(롬 8:7). 우리가 이 세대에 남긴 것들은 하나님의 새 시대에 저항한다. 그렇다면 하나님은 어떻게 그 잡동사니를 제거하시는가?

우리는 원치 않게 우리의 옛 삶을 제거하는 상황을 통과하게 된다. 앞서 언급한 첫 번째 단계를 보라. 이것은 불편한 일이다. 하지만 그것은 하나님께서 미래를 위해 우리를 준비시키시는 과정이다. 중요한 것은 그것을 붙잡는 것이다. 우리는 우리 뒤를 따라오는 다음 세대를 준비시켜야 한다.

부흥의 열쇠

부흥의 유업을 이어가기 위한 열쇠는 무엇인가? 한 번 하나님 앞에서 솔직해져 보자. 대부분의 사람들은 하나님께 그들의 마음을 쏟지 않고 있다. 울어야 하는데, 울지 않고 있다.

당신은 어떻게 기도하는가? 이것은 당신이 거의 간과하고 있는 부분일 수 있다. 시편 속에서 당신의 목소리를 찾아야 한다. 그러면 당신은 심장의 떨림을 읽을 수 있다. 그 안에서 살고, 그들을 위해 울라.

마지막으로 이 책에서 말하려고 했던 것 중 하나는 바로 기다리라는 것이다. 평안이 올 때까지 기다리라. 침묵 속에서 안식하며 주의 은밀한 곳에서 기다리라. 눈물로 간절히 기도한 후에는 눈시울이 붉어지고 눈이 퉁퉁 부어오르게 된다. 그때 비로소 자유케 되는 것이다.

우리는 오직 하나님을 예배하기 위해 충분한 시간을 드리지 않고 있다. 우리의 갈망, 염려, 우리가 원하고 있는 것을 하나님이 모르신다고 착각하면서 하나님을 속이고 있다. 나는 지금 우리가 주님과 소통할 때가 아니라고 말하는 것이 아니다. 다만 위의 시편의 눈물과 간구를 기억하라는 것이다.

우리 자신에게 솔직해져 보자. 우리의 기도 대부분은 간구이다. 마치 배우자에게 날 사랑한다면 이렇게 해달라고 상세하게 기록해 놓은 목록처럼 말이다. 그런데 그것은 부흥을 위해 하나님 앞에서 눈물 흘리는 것과는 다른 것이다. 이제는 우리의 간구가 자손들에게 물려주는 영적 유업이 되도록 기도하자.

그것은 유업이 나에게 보여 준 것이었다. 이것은 불평이 아니라 신랑이 집중하도록 만드는 신부의 예배이다. 금촛대 중보자들은 예배 중심적이었다. 그렇다. 그것은 주님이 인도하시는 중보기도이다. 그들 대부분은 단순히 하나님을 사랑하는 데 시간을 드렸다.

프란시스 메트컬프 언약 그룹이나 금촛대 중보자들을 통해 경험한 그 놀랍고 구체적이며 풍성한 영적 유업을 표현할 길이 없다. 나는 이 모든 것을 《금촛대 중보자들》에서 설명하였다. 이것은 우리가 회복시켜서 다음 세대에게 전달해야 할 오래된 영적 운동 중 하나이다. 우리는 60년 전에 그 여인들이 경험했던 것을 다시 찾고 있다. 그렇다. 다시는 잊지 않을 것이다!

해답은 어디에 있는가? 상황을 역전시키기 위해 우리는 무언가를 해야만 한다. 나는 질문만 던지는 책을 쓰고 싶지 않다. 나는 답을 찾고 싶다. 천국의 박수갈채를 간절히 원한다.

> 감추어진 일은 우리 하나님 여호와께 속하였거니와 나타난 일은 영원히 우리와 우리 자손에게 속하였나니 이는 우리에게 이 율법의 모든 말씀을 행하게 하심이니라 (신 29:29)

우리의 유업을 드러내는 것은 예언적인 계시이다. 다시 원점으로 돌아왔다. 우리는 현재 표적, 이적, 기사, 천국에 속한 모든 선한 것들, 광야, 깜짝 놀랄 만한 면모를 드러내는 파노라마 예언사역과 치유의 기름부음이 융합된 강력한 연합을 목도하고 있는가? 우리는 자녀들에게 무엇을 줄 수 있는가? 바로 하나님께 속한 것을 분별하는 마음을 주어야 한다.

포로된 것을 자유케 하라. 그럴 때 우리보다 먼저 천국에 입성한 구름같이 둘러싼 허다한 증인들의 천둥 같은 박수갈채가 우리 귀에 들릴 것이다!

The Panoramic Seer

The Panoramic Seer

by James Maloney

Copyright ⓒ 2012 by James Maloney (Dove on the Rise International)

Originally Published in English under the title of
The Panoramic Seer by James Maloney

Korean Translation Copyright ⓒ 2020 by Pure Nard
2F 16, Eonju-ro 69-gil Gangnam-gu, Seoul, Korea

The Korean edition is published by arrangement with James Maloney.
All rights reserved.

본 저작물의 한국어판 저작권은 저자와의 독점 계약으로 '순전한 나드'가 소유합니다.
저작권자의 허락 없이 이 책의 일부 또는 전체를 무단 복제, 전재, 발췌하면 저작권법에 의해 처벌을 받습니다.

기적을 풀어내는 예언적 파노라마

초판 발행| 2020년 6월 15일
2쇄 발행| 2023년 8월 25일

지 은 이| 제임스 말로니
옮 긴 이| 이스데반

펴 낸 이| 허철
편   집| 김혜진
디 자 인| 이보다나
총   괄| 허현숙
제   작| 김도훈
인 쇄 소| 예원프린팅

펴 낸 곳| 도서출판 순전한나드
등록번호| 제2010-000128
주   소| 서울특별시 강남구 언주로69길 16, (역삼동) 2층
도서문의| 02) 574-6702
팩   스| 02) 574-9704
홈페이지| www.purenard.co.kr

ISBN 978-89-6237-312-7 03230